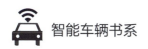 智能车辆书系

深入理解 ICT 与 网联汽车

全彩图解版

【日】野边继男 ◎ 著

陈慧　张诚　黄晓洁 ◎ 译

机械工业出版社
CHINA MACHINE PRESS

TETTEI KAISETSU ICT GA TSUKURU KURUMA NO MIRAI-CONNECTED CAR HEN written by Tsuguo Nobe.
Copyright ⓒ 2015 by Tsuguo Nobe.
All rights reserved.
Originally published in Japan by Nikkei Business Publications, Inc.
Simplified Chinese translation rights arranged with Nikkei Business Publications, Inc. through Bardon Chinese Media Agency.

本书由日经出版社授权机械工业出版社在中华人民共和国境内地区（不包括中国香港、澳门特别行政区以及中国台湾地区）出版与发行。未经许可之出口，视为违反著作权法，将受法律之制裁。

北京市版权局著作权合同登记　图字：01-2016-4313。

图书在版编目（CIP）数据

深入理解ICT与网联汽车／（日）野边继男著；陈慧，张诚，黄晓洁译. —北京：机械工业出版社，2018.4
（智能车辆书系）
ISBN 978-7-111-59708-7

Ⅰ.①深… Ⅱ.①野… ②陈… ③张… ④黄… Ⅲ.①互联网络-应用-汽车 ②智能技术-应用-汽车 Ⅳ.①U469-39

中国版本图书馆CIP数据核字（2018）第067040号

机械工业出版社（北京市百万庄大街22号　邮政编码100037）
策划编辑：赵海青　　　　责任编辑：赵海青　母云红
责任校对：张　力　　　　责任印制：张　博
北京东方宝隆印刷有限公司印刷
2018年6月第1版第1次印刷
169mm×239mm·8印张·1插页·119千字
0001-3000册
标准书号：ISBN 978-7-111-59708-7
定价：88.00元

凡购本书，如有缺页、倒页、脱页，由本社发行部调换

电话服务　　　　　　　　　　网络服务
服务咨询热线：010-88361066　机工官网：www.cmpbook.com
读者购书热线：010-68326294　机工官博：weibo.com/cmp1952
　　　　　　　010-88379203　金　书　网：www.golden-book.com
封面无防伪标均为盗版　　　　教育服务网：www.cmpedu.com

前言

 Preface

网联汽车是与互联网连接，在行驶过程中进行各类信息交换的"联网车辆"。在自动驾驶车辆出现前，日本领先于世界各国，已实现了网联汽车的部分实用化。今后，云、IoT（Internet of Things，物联网）、大数据分析等技术的进步将为ICT（信息通信技术）的进一步飞速发展奠定坚实的基础。ICT将可能成为体现量产车竞争力的关键因素。

虽然网联汽车的开发主体仍为各汽车生产企业，但不同于传统车辆研发领域的ICT规则必须得到遵守。同时，汽车生产企业不应拘泥于独立开发。在ICT领域，市场上既有的设备、技术会毫不犹豫地得到沿用。正是基于"不进行重复开发"的理念，ICT通过分工提高了开发效率，以此达到了当前的技术高度。若在某领域重复与其他公司相同的开发活动，将无法在竞争中取胜。

不能将网联汽车简单地视为"车载导航的延伸"。车载导航作为单独存在的设备是没有未来的，其功能将被更高级的车用ICT设备所取代。量产效应是ICT设备竞争力的关键。智能手机的年产量达10亿台，而车载导航仅有区区1000万台，与前者相比相差悬殊。此外，车载导航可被视为"本土化"产品，在全球范围内并未得到广泛应用。正如同文字处理机作为硬件退出了历史舞台，并被个人电脑+文本处理软件所取代，车载导航也将退化为车用ICT设备的应用之一。

今后，智能手机而非车载导航，将为车用ICT的开发提供技术基础。全球有大量企业在从事智能手机部件的开发。为了优化智能手机使用环境，地面设备投资及通信基础设施优化得到了持续开展。为了实现网联汽车的持续发展，对智能手机领域所积累技术的灵活应用是至关重要的。无论多么庞大的开发费用，若分摊至年产量达10亿台的智能手机，则将不难承受。正是由于巨额开发费用的投入，智能手机实现了技术先进、品质精良。可见，车用ICT设备必须加入智能手机的阵营。

然而，这并不意味着"将智能手机放入车内"就可以了。由于车辆的固有特性，智能手机在车内的搭载存在困难：智能手机存在散热不良的问题，其耐久性需得到强化；手机与车辆的生命周期存在差异，由此将出现软件版本升级的问题。此外，网络安全及车辆固有的隐私保护等问题也必须得到解决。

本书阐述了大量关于网联汽车的状况，作者在ICT及汽车行业均有所涉足，相信本书一定能为大家提供参考。

祝各位读者身体健康。

野边继男

目录

前言

第1章 2010年左右出现的ICT构造剧变 // 001

1-1 云、大数据等ICT的发展历程 // 002

1-2 汽车电子的发展 // 015

1-3 汽车领域ICT的发展 // 023

第2章 智能手机与汽车的关系 // 039

2-1 车载导航仪与手机在技术上极其相似 // 040

2-2 2010年之后的ICT与未来的汽车 // 049

2-3 网络、云技术的重要性 // 062

2-4 "车载导航"将成为车载ICT终端的应用软件 // 066

2-5 汽车ICT系统中的云终端化部分和非云终端化部分 // 075

第3章　网联汽车的发展 // 079

3-1　基于传感器网络的网联汽车是 IoT 的先驱 // 080

3-2　三维地图信息数据库的重要性 // 084

3-3　DSRC 技术能否得到应用 // 087

3-4　4G/5G 将如何发展 // 089

3-5　使用内置式设备？还是直接使用智能手机？// 096

3-6　关于数据量及网络负荷的思考 // 101

3-7　通信技术用于车辆所面临的问题 // 104

第4章　云、大数据、IoT 带来的产业结构变化 // 107

4-1　汽车产业与微笑曲线、逆微笑曲线的关系 // 108

4-2　数据科学家对于车辆 IoT 的重要性 // 113

4-3　汽车与 IoT 关联后产生的新商业模式 // 116

深入理解
ICT与网联汽车

第 1 章

2010 年左右出现的
ICT 构造剧变

1-1　云、大数据等 ICT 的发展历程

作为汽车的未来发展方向，网联汽车、ADAS（先进驾驶辅助系统）以及自动驾驶受到了广泛的关注。网联汽车是与互联网相连接，在交换各种信息的同时进行行驶的"联网车辆"。ADAS 是车辆通过对周边环境及行驶状态进行分析，为驾驶提供辅助的系统。自动驾驶车辆则更进一步，是由"计算机取代人类进行驾驶的车辆"。

取得上述技术进步的背景不仅是汽车技术本身的进步，汽车领域外的因素同样至关重要。2000—2010 年前后的 10 年间，随着 ICT（信息通信技术）的大幅进步，车辆的面貌也发生了巨大变化。因此，在探讨今后汽车相关技术时，必须考虑到在 2020 年、2030 年也会出现类似 2000—2010 年，以 10 年为单位的技术剧变。

毫不犹豫地加入优势方阵营

既然 ICT 的进步已成为网联汽车、ADAS 以及实现自动驾驶的要因，那么 ICT 的开发思想必须得到遵循。在 ICT 开发上，切不可对他人（他公司）已开发成功的技术进行重复开发。虽说开发出凌驾于他人之上的技术并收获更大的成功并非全无可能，但类似的案例很少。若仅能开发出相似成果，还不如在他公司取得成功后停止开发，并以该研发成果为基础，将开发目标转移。

在 ICT 领域里，承认他人优异的开发成果，获得其使用许可，并以此为基础进行后续开发，该模式获得成功的可能性较高。实际上，由于 ICT 基本是数字化产品，即便是复制品，品质也不会下降。基于他人开发的产品，能够更容易地开发自己

的产品，很多企业也正是这样做的。一项成果促成了多方面的成功发展，这正是 ICT 得以实现指数级成长的要因。以相同产品为基础进行下一代新品开发，其结果是实现了 ICT 业界的标准化。

可见，ICT 具有随着自身快速发展的同时，全球标准也得以制定的特点。因此，在网联汽车、ADAS 的 ICT 开发中，当预计某些内容已将成为全球标准时，应停止重复开发并将其直接运用。对于模拟信号产品，如果对自身技术有自信，可重复开发并与竞争对手一决高下。但在数字信号产品的开发中，这样做更可能是徒劳无功的。不与已有的全球标准相违背，并以此为平台追求新功能的增加及用户使用便利性的提高，以此实现差别化，这才是 ICT 的开发思想。更何况，在当前市场全球化背景下，如果能制定全球标准当然最好，如果仅制定适用本国的特殊标准，则可能无法融入全球化的开发体系。

在全球化背景下，"国际分工"是 ICT 领域的重要思维方式。能外包的尽量外包，由此开发速度将得到大幅提高。由于在自动驾驶的很多开发领域需要导入 ICT，因此必须基于 ICT 理念进行积极开发。

作为专用设备的导航系统没有未来

在日本国内，车载导航系统可能是当前将车辆与外界相连接的核心装置。车载导航可通过对卫星接收的 GPS（全球定位系统）信号进行分析，以此掌握车辆的当前位置。此外，车载导航可提供来自地图的后续路径引导等外部信息，并通过与手机通信网络相连接，使用车载信息服务或 VICS（车辆信息通信系统）提供道路拥堵信息。由此，不少人认为网联汽车的关键技术依赖于车载导航系统的进步。

然而，正如存在于计算机出现前的文字处理机一样，若开发硬件与软件一体化的"导航系统专用终端"，汽车导航是没有

未来的。这通过回顾 ICT 的发展历程就一目了然了。随着软硬件的发展,很难在功能单一、固定的机器上实现多功能的灵活应用。无法实现软件升级的专用终端已经从市场上消失了。作为专用终端的文字处理机已是明日黄花,最终仅以计算机应用软件的形式得以续存。导航系统也同样逃不出这样的命运。它必将脱离其专用终端的身份,而退化为通用信息终端上的应用之一。这种发展迹象目前已逐渐显现了。

在 20 世纪 70~80 年代,在 ICT 或 IT(信息技术)领域,OA(Office Automation,目前该单词已不再使用)的代表正是文字处理机。20 世纪 80 年代的 IT 水平,以当前眼光来看恍如隔世。与当前相比,那时的 CPU(中央处理器)性能、储存容量、通信功能及软件技术均极其低下。

从 20 世纪 80 年代后半段起,日本领先于海外,在图形技术上取得突破,多媒体功能也在市场上得到广泛应用。20 世纪 90 年代以后,互联网开始普及,随着 1995 年 Windows 95 的登场,互联网与多媒体在一般用户中得到普及,并在此后迅速渗透日本及国际市场。

20 世纪 90 年代之前,由于软硬件的性能低下,将两者进行一体化整合以实现其功能是必然的选择。文字处理机正是在该背景下的一体化产物。

回顾历史,文字处理机是在 1995 年 Windows 95 个人计算机投放市场后消失的。直到最近为止,汽车导航系统仍是一体化产品,但随着车用软硬件技术水平的提高,最近的开发正在朝着多功能、高通用性方向转变。

历史总是在重演

对 ICT 历史的回顾将有助于解读个人计算机的发展历程(图 1-1)。

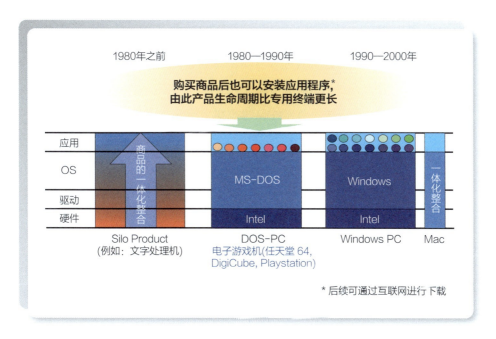

图 1-1 2000 年之前的 IT 解决方案

20 世纪 70 年代后半段，使用 8bit CPU 的 Apple、Commodore、Tandy，及日本国内的 PC8001 等计算机成了"改变世界"的时代宠儿。20 世纪 80 年代，美国 IBM 公司推出的 16bit 个人计算机可应用于办公领域，由此迅速奠定了其领先地位。成为时代变革的关键是美国微软公司应 IBM 公司要求而开发的 MS-DOS 操作系统。由此应用软件及其操作系统（即软件环境）与硬件实现了明确的区分。该计算机采用的美国 Intel 公司 CPU 及微软公司操作系统的组合定义了此后个人计算机的基本架构及与周边设备的通用连接性（I/O），实现了"个人计算机的标准化"。"文字处理机"至此被"个人计算机+文字处理软件"所取代。

与此同时，在电视游戏领域也出现了相同的技术变化。电视游戏机 Nintendo 064、Digicube、Play Station 在 1995 年前后陆续登场。虽然电视游戏机可通过在一个硬件上插入不同的盒式磁盘来进行多个游戏（应用程序），这在软硬件的分离上比文字处理机先进,然而由于不同机种间的应用程序没有互换性,在制作系列游戏时仍然需要针对每个机种进行单独开发。

这在当时的日本被视为理所当然。而在其他国家,特别在英国,则被认为是"开发工时的浪费"。游戏软件一旦开发完毕,就应该能够在任何游戏机上运行,并可通过游戏机用中间件(middle ware)的提示,实现各款游戏软件在各游戏机间的通用性。

1990—2000 年间[1],DOS 系统完全被 Windows 所取代。在此期间,基于后者的应用软件在各类信息处理终端上被广泛使用。

在智能手机出现前,以 PalmPilot 为代表的 PDA(个人数字助理)曾热门一时。作为小型移动信息终端,其在构造上可被视为类似"文字处理机"的存在。在日本,夏普公司的 Zairus 虽然也曾大受欢迎,但为了加入新功能,用户必须等待新硬件的推出,而无法直接在当前产品上以应用软件的形式直接添加。随着可安装于手机的 imode 等应用软件的出现,以及随后智能手机的登场,此类 PDA 产品逐渐退出了市场。

事实上,车载导航目前仍大致处于"文字处理机"的阶段,其软硬件是一体的。无法简单地加入新的应用程序,其应用程序也不具备可用于多个硬件系统的通用性。

Mac 至今仍是一体化整合

只有美国苹果公司的 Macintosh 计算机,至今仍在沿用将硬件与基本软件[2]整合销售的策略。这是较为特殊的案例。

而这正体现了苹果公司一贯的理念。如果将产品功能最优、性能至上作为公司的理念,则需要在公司内部对硬件与基本软件(即操作系统)进行最优化匹配。此前,在 Mac 的周边设备中,许多都是经过了最优化配置后的专用品。但从数年前起,与 Windows 系统可共用的周边设备(如打印机等)的数量逐渐增加,由此 Mac 用户的下一台计算机不必仍是 Mac 了。个人计

[1] Windows 系统在 3.1 版上获得最初的成功。3.0 版于 1990 年 5 月在美国上市,3.1 改良版发布于 1993 年 12 月。然而,两者均需要在 MS-DOS 环境下启动。

[2] 基本软件是指操作系统、中间件及用户界面。应用程序则当然是第三方提供的。

算机的市场份额此前一直是 Windows 系统占 80%、Mac 占 20% 左右。作为苹果公司理念的体现，Mac 仍将持续为用户提供最佳的性能与表现。

类似的关系同样存在于智能手机领域。基于美国谷歌公司安卓系统的智能手机的市场占有率约为 80%，苹果公司的 iPhone 约 20%。在智能手机领域，苹果公司同样通过坚持自身对软硬件的提供，唤起与苹果公司持相同理念用户的共鸣，并不断地满足其需求。在此，苹果公司保持了其只关注最高端领域的传统。而微软、谷歌公司则通过向第三方硬件提供操作系统，让产品涵盖从最高端至低端的广大范围，以此确保市场占有率。这与苹果公司的理念有着显著区别。在该意义上，苹果公司 20% 的市场份额应该是较为合理的。

谷歌公司虽然开发了安卓系统，但其热门产品 "谷歌地图" 在安卓系统及 iPhone 上均可使用。这其实是符合其市场占有率优先战略的。其结果是，"谷歌地图" 从包含了 iPhone 用户在内的市场上获取了大量数据，成为 "平台战略" 的代表性成功案例。操作系统及平台战略正是市场占有率优先理念的代表。在开发基于 ICT 的解决方案时，能深刻理解并贯彻该理念将是至关重要的。

回顾历史，可以得知汽车 ICT 将应用软件、解决方案与硬件分离也将是今后必然的发展趋势。正如计算机取代了文字处理机，智能手机取代了 PDA，导航专用末端也将被通用车载计算机所取代。

互联网将无处不在

与上述设备相同，通信领域也发生了巨变。当前不必说发达国家，即使在发展中国家，互联网也无处不在。互联网的普及始于 Windows 95 推出的 1995 年，距今仅有短短的 20 多年的时间（图 1-2）。

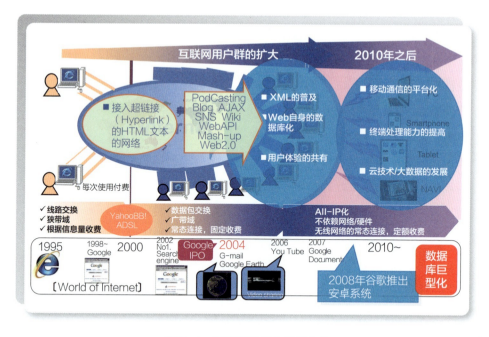

图 1-2　互联网的扩大及平台化

在 Windows 95 出现前，接入互联网需要进行像念咒语一样的复杂设定。在 Windows95 之后，互联网接入设置几乎不必花什么工夫即可轻松完成。然而，当时的通信环境并非目前费用固定的宽带。不仅是移动通信，对于固定通信也同样如此。由于存在线路交换、狭带域、根据信息量收费等问题，即便仅发送邮件也颇费周折。邮件的接收不像现在可随时进行，普遍的做法是将数据量积累到一定程度后联网一并下载，接收完毕后立刻断开连接，回信也是积累到一定程度后一并发送，以便节约通信费用。

让我们继续回顾互联网数据通信领域的发展。20 世纪 90 年代，通过在普通语音通信线路上将数据多重化，以此实现拨号网络连接。其传输速率为 32 ~ 64Kbit/s，这在当前来看慢得无法置信。当时在日本国内曾试图由普通电话线路切换至 ISDN（综合业务数字网）。虽然进度落后于美国、韩国，但总算赶在新千年到来之前实现了通过 CATV 线路的 ADSL（非对称数字用户线路）连接。此后，随着使用电话线路实现 ADSL 服务的"Yahoo！BB"的出现与普及，真正意义上的宽带域、固定收费、常态连接的互联网时代拉开了序幕。即便是 ISDN，其常规传输速率也仅为 128Kbit/s。与之相比，即使是家庭用 ADSL 的传输速率也高达 1Mbit/s 以上，其市场份额由此急剧扩大。

此后，随着在 CATV 上实现互联网连接的宽带化，以及 NTT 光纤传输等通信方式[3]相继投入市场，在 10 年后的 2010 年就达到了"不接入互联网个人计算机就无法正常运行"的程度，计算机与通信至此实现融合。当前，光纤的应用使有线通信速度进一步提升。普通家庭的日常使用速度也能达到 100Mbit/s 左右。

3　Fiber to the Home：FTTH

在此期间，服务器技术也有了大幅发展，初期的互联网为所谓的"接入超链接（Hyperlink）的 HTML 文本网络"。随着程序语言、数据库技术、各类文件系统、MapReduce、Hadoop、XML 以及 Web API、AJAX、REST 等工具的发展，互联网获得全方位大幅进步，其易用性由此显著提高。

与此同时，随着基于 FOMA（自由移动多媒体接入）、WIN、W-CDMA、CDMA 1x 等技术的 3G 网络自 2000 年起逐步普及，移动数据通信的市场占有率也迅速扩大。2010 年后，随着 3G 网络进一步向 LTE（长期演进）网络制式发展，无线通信在当前也达到了 1Mbit/s 以上传输速度。

信息终端种类的日益多样化是另一个引人瞩目的现象。2010 年以后，随着云技术的发展，信息终端将不再局限于个人计算机。根据不同的使用目的，可任意选用智能手机、平板计算机、车载导航等硬件。

安卓的登场

谷歌公司于 2008 年推出了安卓系统，并从根本上改变了 ICT 的面貌。然而，安卓系统的出现却归功于 2007 年苹果公司推出的 iPhone。由于 iPhone 的市场反响异常热烈，迫使此前就关注智能手机市场的谷歌公司加快了开发速度。针对 2008 年圣诞节商战，谷歌公司推出了基于安卓系统的智能手机。

针对车用解决方案，谷歌公司于 2014 年 1 月 6 日发起了所谓 OAA（开放汽车联盟）的标准化联盟运动。在 2014 年 6 月 25 日的谷歌 I/O 开发者年会上，能够与安卓智能手机相连接的 Android Auto 得到发布。而在稍早前的 2014 年 3 月 3 日，苹果公司也正式发布了其 CarPlay 系统。

当初，曾有认为"Android Auto 是操作系统"的观点，其实将 Android Auto 自身看作操作系统欠妥当，将其视为将智能手机内的安卓系统映射到导航终端、显示屏单元上的应用软件更为合理。Android Auto 通过蓝牙、Wifi 或 USB 连接，从智能手机获取信息，并将驾驶所需信息映射在车载显示屏上。此外，为了在驾驶中便于观看[4]，需要在手机界面的基础上，对车载显示屏界面的易读性进行优化。

例如，针对字体过小易读性差，需连续注视 2s 以上，可将重要信息用视线扫过即可辨识的大号字体显示；作为 Android Auto 的其他使用案例，可通过轻触车载屏幕虚拟按钮，将控制信号传递至安卓系统；通过安卓系统自身与云端相连亦可实现信息收集。总之，Android Auto 的定位是基于安卓手机的车用人机界面。

在当前日常生活中，个人计算机、智能手机等几乎所有终端设备均接入互联网，通过与云端服务器相连，不断提供新服务。该模式已于 2010 年之前得到确立。对于汽车等生命周期较长的产品，由于互联网的进化过于迅速，"将内置信息终端与云端相连，购买最新的云服务后可持续使用多年"的想法并不现实。每隔 2 年（或更短时间）重新购买新款智能手机，并以此作为内置型车载信息终端与云端的中介，通过接收最新云端服务，向车载终端选择性地提供所需服务及信息，这才是可行的

---

[4] 如果将智能手机的显示内容直接映射至车载显示屏，对于行驶中的驾驶人而言，信息量过多、字体过小，使得屏幕的易读性过差。所谓易读性差，是指需要凝视显示器，违背"驾驶中不允许连续注视画面 2s 以上"的安全设计准则。

解决方案。智能手机与车载终端的连接方法也正变得越来越方便。实际上，对于电视等生命周期较长的家电产品而言，也可能将采取以上方式，以智能手机为中介实现最新云端服务的接收。

云技术改变产业结构

近期，云技术的应用范围得到了进一步扩大。2015年出现了仅将服务功能以软件形式加载至云端，即可轻松开展新业务的案例（图1-3）。

可以毫不夸张地说，云技术的出现改变了产业结构。2010年上市的iPad更是对此起到了推波助澜的作用。此前，必须通过个人计算机获取互联网信息及服务，如今个人计算机、IPad均可胜任——只需提前将信息上传至云端。此外，随着iPad的普及，大家广泛意识到许多操作不再需要通过计算机，仅在iPhone或安卓手机上即可完成。通过智能手机或iPhone使用云端服务变得越来越普遍。

随着云技术的进一步发展，包括计算机、智能手机、电视、导航仪在内的任何设备均可被接入互联网。因此，服务提供方在开发时将不必考虑其界面兼容性，以及目标设备是计算机还是智能手机等。仅通过单次开发，即可在不同界面、以不同使用方式、在不同终端设备上实现相同服务的提供。"Create one, use many"的理念得到实现。

HTML（超文本标记语言）的最新版HTML5是支撑云技术发展的重要技术基础之一。HTML5于2014年10月28日得到了W3C（万维网联盟）推荐。此外，汽车和网络平台业务集团（Automotive and Web Platform Business Group）正在对车用Web API应如何定义展开讨论。由此，通过使用HTML5，即便是不同的车辆也可将车辆数据以相同形式传输至第三方应用/服务供应方，以实现各类车用Web服务的构建。

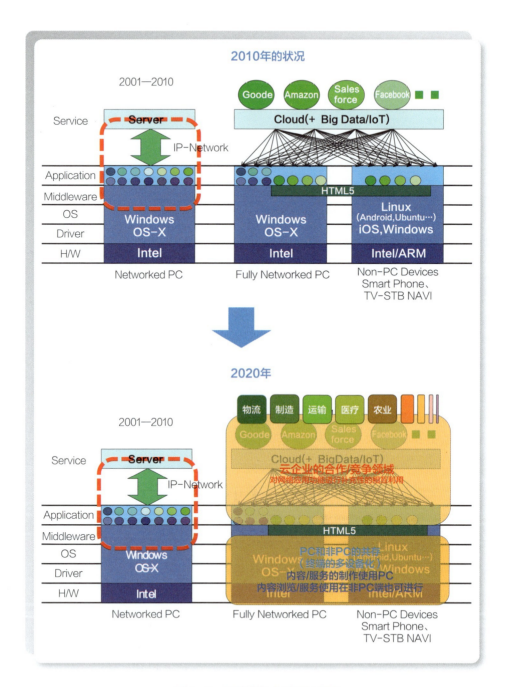

图1-3 云技术及大数据的落实

任何硬件均可使用

如上所述，随着互联网技术的发展，在开发 Web 服务时可不必考虑用户使用硬件的差异。同时，用户在使用互联网时所受的硬件限制也越来越少。2011 年之后，硬件及 Web 领域的竞争开始变得彼此独立，车用 Web 服务也脱离了将软硬件绑定的一体式开发，软硬件各自独立开发的趋势越发明显。同时，作为软硬件之间的沟通接口，车用 Web API 所定义的 HTML5 得到了越来越广泛的应用。

随着智能手机的高度发达及其市场份额的扩张，各企业在云端的协作/竞争及终端设备的多元化得到了进一步推进，软硬件一体化开发所无法实现的功能也得到实现。在价格不断降低的同时，若其温度、振动、电压等方面的耐抗性也得到提高，相关元器件在车辆上的应用将得以实现。同时，云端软件也随着智能手机的市场扩大（用户规模扩大）得到了急速发展，Web 上的功能/服务及相关软件实现了组件化。根据使用目的定义车载硬件，选择多个既有的云端服务并将其进行组合。由此，基于不同创意即可简单地构建出各类新型服务。

迄今为止，在开发新服务时，软硬件均需要从零开始进行开发。而在今后，通过将所需组件加以集中，并进行若干补充开发，即可轻松构建各类新型服务。此外，云技术还带来了另一项重大变化：即使在研发早期阶段，当前通过云技术即可实现研发在全球范围内的同步开展；而此前，研发则需要在彼此间存在巨大技术/社会环境的差异下单独进行。

汽车上装备了大量的传感器，可将其收集的大量各类数据上传至云端进行综合分析。特别是对于未来的高度驾驶辅助及自动驾驶系统而言，需要在车上安装大量用于外部环境识别的摄像头、雷达、LiDAR[5] 等传感器群。通过对传感器群获取的数据进行云端分析，并在 API 化后将分析结果提供至第三方，可

5. Laser Imaging Detection And Ranging，激光探测与测量（激光雷达）

能以此开发出前所未有的全新服务。

除汽车领域外，上述理念在医疗、农业等各行业均可得到应用。例如在农业领域，通过配备大量传感器，对农作物光照强度及环境温度进行测量，并将数据上传至数据中心进行分析，以此预测农作物的生长过程及收获时间。此类应用目前已处于试验阶段，预计后续将得到进一步的发展和普及。

通过对传感器群获取的大量数据进行云端软件分析，可实现各产业的智能化。这在当前已得到了初步推进。2020年，产业智能化预计将基本实现，诸如远程医疗、农业自动化等将得到飞速发展。这不仅是物联网（IoT）理念的实现，同时更体现了IoT所取得的成果。汽车的先进驾驶辅助及自动驾驶化既是该理念的倡导者，同时也是受益者。今后，无论在车辆上增加任何新的应用，都需要在云端进行相应的配置。此类应用的数量也将急剧增加。

计算机与网络的作用

上述变革得以实现的要因是计算机性能的提高及网络环境的进步，特别是计算机处理速度的提高。随着计算机性能呈指数级提高，此前需要耗费大量时间的复杂计算，如今一瞬间即可完成。由此，深度学习（Deep Learning）的作用在高精度语音及图像识别上得到了淋漓尽致的展现。今后，在诸如车辆无碰撞自动行驶、在交叉路口安全停车/通过、左右转向等各类自动驾驶算法生成上，车载计算机可能在计算速度上大幅超越驾驶人。

通信网络，尤其是手机通信网络的高度发展及其在全球市场的普及则是另一重要因素。至2020年，手机的通信速度及通信延迟预计将达到目前光纤通信的水平。网联汽车的实现需要通过无线通信，这是毋庸置疑的。因此，在规划汽车今后的发展方向时，对手机通信网络发展趋势的了解是至关重要的。

1-2 汽车电子的发展

汽车设备的电子化起步于20世纪70年代前后。自20世纪60年代后期起，日本国内的环境污染问题得到关注。面对汽车数量持续激增，1973年，日本制定了尾气排放相关法规，如何减少有害物质的排放成了重要课题。以此为契机，从通过对发动机燃油喷射进行电控以实现燃料燃烧最优化的ECU（发动机控制单元）起，车用微型计算机得以导入。此后，汽车设备电子化又从发动机控制延伸至变速器控制、混合动力车辆控制、车身姿势控制等。随着半导体的进步，其性能从8bit（2MHz）逐渐扩展至16bit、32bit，频率也由2MHz提升至数百兆赫，使用范围也逐步扩大（图1-4）。为满足今后高度驾驶辅助及自动驾驶所需要的计算处理能力，或许需要进一步导入64bit的最先进的CPU。

20世纪80年代至90年代，在动力总成综合控制、车辆控制、空调控制等车辆各领域均实现了数字化，可谓是汽车数字化的"创世纪"，进入新千年，ITS（智能交通系统）及手机通信网络进一步实现了外部信息向车辆的输入，从此进入了"汽车数字化第二纪元"。随着移动通信及云技术的急速成长，2011年以后，汽车成为互联网新成员，由此迈入"网络化"时代（图1-5）。

在此期间，有将智能手机用设备安装于车辆终端，并将其作为车内信息娱乐（In-Vehicle Infortainment，IVI）设备的做法。在信息处理终端被广泛使用的Linux操作系统在IVI上也获得了应用。若使用开源软件，则无须从零开始进行极为耗时的

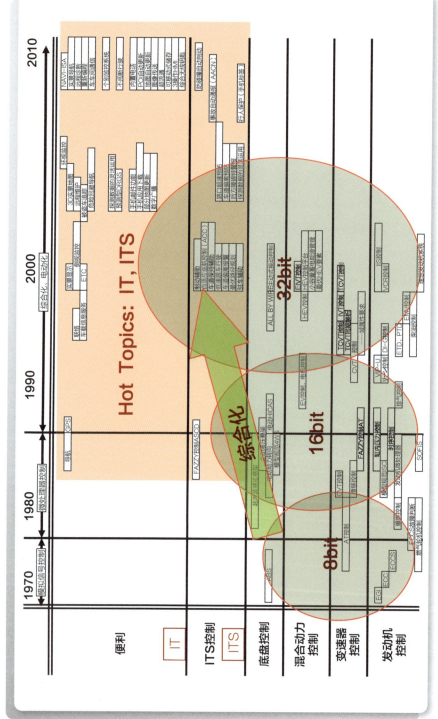

图1-4 车辆数字化的历史①

① 由于图片不完整,部分内容无法翻译。——译者注

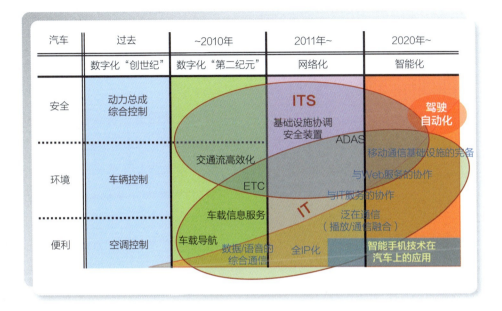

图1-5 数字化及通信使车辆实现智能化

车用蓝牙模块开发等工作。在逻辑上，使用智能手机相关设备是可行的。由于智能手机的市场占有率极高，因此在价格及品质上均有优势。然而，这并不意味着将智能手机用设备直接安装在车辆上即可。必须在散热性、鲁棒性、安全性等方面对设备的硬件部分进行强化。

2000年，日本超过半数的车辆均装备了车载导航仪。以此为背景，日本于1996年先于首都圈开展了VICS交通拥堵信息服务，随后该服务在日本全国范围内逐步铺开。2000年以后，随着移动通信的发展，为了进一步提高车载导航的便利性，各类车用ICT应用逐步得到推广。

例如，从2003年起，本田公司利用ICT将车辆位置信息上传至手机移动网络服务器，并通过"车载信息服务系统"对大量车辆信息进行分析，以此获得道路拥堵信息。自2004年起，交通信息提供业务在日产公司也得到了开展。2001年10月1日起，NTT DOCOMO正式启用全球首创的第三代移动通信系统 FOMA。随着该系统在车载导航上得到广泛应用，日本在车辆信息服务领域开始领先于其他国家。

网联汽车的登场与智能汽车

在日本，高性能车载导航及手机数据通信技术在早期便得到推广，因此将两者相整合的网联汽车于 2004 年便获得普及。通过在云端（当时"云"这个称谓尚未普及）服务器上实现大数据处理（当时也没有此类称谓），可称为"车辆 IoT"的新一代车载信息服务系统由此诞生。

随后，以 2007 年 iPhone、2008 年安卓手机的诞生及其市场份额的爆发性扩大，以及伴随该技术革新出现的国际云平台为背景，通过利用互联网广播及 RSS（收集各网站更新信息，并以文本格式发布）等信息服务技术，原先仅局限于智能手机端的功能在车载设备上也得到了应用。由此，不仅可通过车辆位置数据生成交通拥堵信息，还可通过手机通信网络将车内各类数据上传至服务器，对车辆运行状态及周边环境进行分析。此外，对如何安全、便利地获取 ADAS 信息等拓展功能的研究也得到了进行（图 1-5）。车辆智能化的可行性由此得到了充分展示。

进行与他人相同的重复开发是徒劳的

汽车领域与 IT 领域的开发理念是完全不同的。当年作者从 IT（NEC[6]、软银集团）转行至汽车行业（日产汽车）时，行业间思维方式、专业术语的差异曾带来了很大的困扰。（图 1-6）。

回顾百年发展历史，汽车领域的技术积累在各汽车企业内部独立开展，其技术成长为直线形。而 ICT 的发展则是呈指数级（曲线）的。这可通过数字世界的本质得到解释。例如，发

[6] 实际上，即使在以 C&C（计算机和通信）著称的 NEC 公司，在 20 世纪 80 年代进行整合通信、计算机技术的相关会议上，由于两者间专业术语的差异，曾带来了沟通的障碍。直至 20 世纪 90 年代，有了所谓"计算机家庭化"的共同目标后，不同领域间的沟通误解才渐渐得以消除。

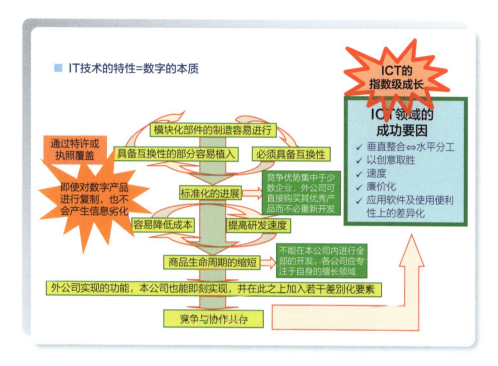

图 1-6　ICT 设备的开发方案

动机是模拟世界的产物。即使是具备最高性能的最高级发动机，归根结底仍需要通过人进行调试。即便是基于相同图样生产的同一款发动机，其性能表现仍然会因生产者的不同而存在差异。模拟世界的特点是：讲究 know how 的积累及工匠精神，前人的成果需不断得到后人的继承。此外，在整合不同领域开发成果时，需要在相互磨合并彼此达成共识后才能进行。因此，在公司内部从零开始进行持续垂直开发是极其重要的。

ICT 领域则与之完全不同，取得成功需要基于水平分工：不由公司自身从零开始进行完全开发，而是直接沿用他人的开发成果。如果多个公司针对相同功能各自进行独立开发，那么重复的、无益的开发竞争将造成资源的浪费。

类似音乐、电影等数字信息，复制后品质不会下降。软件与之相同，无论由谁编写，复制后均可实现相同的功能。印制电路、CPU 等数字产品同样如此。甚至可以认为，若按照完全

相同的模式制作印制电路，其运行结果将完全相同。

因此，若其他公司开发获得成功，公司自身就没必要，也没时间作为追随者进行重复开发了，仅需购买其使用权即可。是否能够以此为基础在后续开发上获得成果，才是真正需要得到关注的。正是通过 ICT 特有的发展模式，即不进行重复开发，基于既有成果进行后续开发，无谓的开发竞争得以避免，数字技术由此实现了指数级的成长。在模拟产品的领域，各家公司针对相同开发目标展开激烈竞争或许是理所当然的，但在 ICT 领域则是徒劳的。

标准化是 ICT 领域的必然趋势

为了"将外购组件与自身所开发产品相整合，并使其正常运作"，需要将各项功能模块化，并对模块间的连接方式（接口）进行标准化定义。这样即便使用其他部件将整体中的某部分替换掉，也可避免功能无法正常运作或整体性能出现劣化。对此，ICT 各项功能的模块化及接口标准化定义得到了稳步推进。

正是通过上述形式，数字世界的标准化得到推进。以接口标准化为基础，性能、品质突出的模块被广泛应用于很多产品，模块制造商的垄断地位得到强化。在另一方面，模块的标准化也由此得到推进，垄断市场的模块自身成为"既成事实的标准"。

作者在 NEC 任职时曾负责 AT 互换机业务。作为标准模块的集合体，AT 互换机可被视为 ICT 领域的典型代表。以标准化为基础，各公司展开相互竞争，并在各领域不断研发出满足标准的新功能，市场也得以不断扩大。由此，ICT 领域得以飞速进步，并实现了开发周期的缩短及开发费用的下降。无论是硬件还是软件，随着垄断制造商对自身所擅长模块进行大量集中生产，模块的成本得到了进一步降低。

与此同时，商品的生命周期也进一步缩短。即使新品的开发以较低的成本在短时间内得以实现，数月后可能将有更高端的产品投入市场。若其他公司所开发的功能更为优良的产品获得了市场认可，市场对该类产品的预期将水涨船高。这将导致公司也不得不在自身的产品中加入该功能。在该情况下，由于公司自身没有从零开发所需的时间，因此只能通过购入相关零件或通过转让许可，将该功能组装到自身的产品中去[7]。

> [7] 最近两到三年，在车辆的新功能装备上也出现了若干起类似案例。

由此，新功能被广泛应用于各类产品，功能的标准化也得到推进。作为新功能的研发方，即使意识到其产品将很快被超越，但其意图是在略微领先于其他公司期间获取短期利益，并通过后续向其他公司转让技术/部件，实现对市场的进一步渗透。而对市场的渗透程度如何将决定公司在今后的竞争力。ICT领域正以上述模式为基础展开协作、竞争，其结果是少数企业对各功能模块的垄断化程度逐步加剧。

苹果公司的手段

作为典型的成功案例，苹果公司的iPod、iPhone、iPad等产品[8]也沿袭了此类数字化产品的竞争模式。第一代的iPod作为Mac专用的数字音频播放器，于2001年10月发布。当时的市场上有多种与iPod构造相似的MP3播放器，iPod虽然具备设计优良、使用方便、硬盘容量大、播放时间长等显著优势，但上述优势并不足以解释其日后的爆发性增长。

> [8] 苹果公司的Mac计算机虽然与作为个人计算机标准的IBM交换机存在差异，但作为典型的数字化竞争产物，Mac计算机的许多部件与常规个人计算机仍是相同的。苹果公司通过将新技术抢先运用于市场，使相关应用由此实现标准化并同样在IBM交换机上也得到广泛应用，反之亦然。

随后，通过实现对2002年发布的第二代Windows系统的兼容，iPod扩大了其市场占有率。音频播放、管理软件iTunes的推出提高了iPod的附加价值。此后，随着可实现动画播放的第五代iPod于2005年10月12日面世以及可实现向iPod传输动画的iTunes6的发布，苹果公司进一步拉大了与同类产品其他公司间的差距。

互联网应用在个人计算机上的普及，以及YouTube随着网络通信速度提高的越发流行是上述市场扩张得以实现的背景。

YouTube 于 2005 年 11 月获得美国著名风投公司 Sequoia Capital 的注资，并于当年 12 月正式运营。当时的标准画质分辨率为 320×240、高画质为 480×360、手机端则仅有 176×144，尽管该分辨率标准在当时也并不算高，但仍给用户带来了在个人计算机上观看视频播放的愉悦感。同时，iPod 在手机视频市场的形成中也起到了主导作用。

第 5 代 iPod（Classic）的分辨率提高至 320×240。此后，YouTube 视频的分辨率逐渐升级至 480p、720p、1080p，并于 2009 年 2 月达到 4K。随着 2010 年 6 月 iPhone4 的发布[9]，iPhone 的分辨率由 480×320 提升至 960×640。

[9] 此后 iPhone 的分辨率得到进一步提高，在 iPhone5 上达到 1136×640，iPhone6 上达到了 1334×750、1920×1080（iPhone6 Plus）。

上述产品发展过程的实现基于各型号机型在庞大销量基础上的成功迭代，由此实现了关键设备的大量采购，并成功降低了成本。通过在成本占优的前提下使用更大容量的内存芯片、更大尺寸的 LCD（液晶显示屏），苹果令其他公司望尘莫及的领先地位得以实现。

苹果公司通过在 ICT 领域的成功获得其当前的地位。同时，Facebook、谷歌、亚马逊等其他美国网络关联企业也一同为 ICT 的发展做出了重大贡献。值得强调的是，若各公司开展的业务彼此重复，则无法取得成功。各公司需要在各自擅长的领域发展进步，彼此间有时为竞争关系，有时则需要互补共存。这才能够实现 ICT 领域的整体进步。

在将 ICT 系统导入车辆时，也需要具备同样的思维模式。至少在 ICT 相关领域，不应一切均在自身公司内部独立开发，而应该直接购买其他公司的优良产品，或通过技术转让获得其使用权。公司应以此为基础，重点关注他人未曾涉足的功能开发及推广。若无该意识，车辆的 ICT 化是无法得到推进的。部分欧美汽车制造商已逐渐意识到了该问题，日本汽车企业又该何去何从？若缺乏 ICT 思维模式，在开发 ICT 设备时将难以具备充分的国际竞争力。

1-3　汽车领域 ICT 的发展

虽然车载导航作为 ICT 在汽车领域的使用案例向来被广为谈及，而事实上，全球范围内车载导航仅在日本市场获得了广泛应用（图 1-7）。该事实在日本国内并不为人所知，即使是汽车企业也很少意识到。

日本的车载导航市场于 1995 年左右起步，1997 年的普及率达到了 20%，2000 年达到 50%，2005 年后逐渐接近 70%，至今为止占比仍在不断变化。由于无须使用车载导航的人始终存在，因此占有率始终达不到 100%，但 70% 已经相当高了，其带给人们的印象是几乎所有的车都搭载导航。

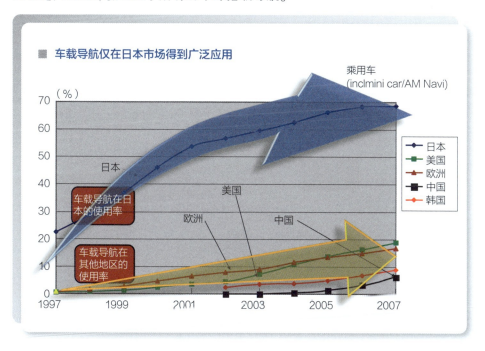

图 1-7　车载导航的发展及在各国市场的应用情况

（来源：作者基于 Japan Ministry of Transportation，Nevteq，Renault／NISSAN Product Planning 的数据后汇总成图）

导航仪是另一个"加拉帕戈斯(市场孤岛)"

近期,车载导航在北美、欧洲的市场占有率从长年来的5%、10%总算增长到了20%。由于最近存在"使用智能手机就能导航"的普遍观点,车载导航的市场占有率将不会进一步增加。按车型级别来看,E级车及以上级别的车辆中,车载导航的装车率占比超过7成。而A、B、C、D级车则几乎未装备,这令人感到意外。此外,虽然车载导航在欧美市场的市场占有率总算达到了20%,但在其他各国的占有率则几乎都不超过10%。与日本70%占有率造成的几乎所有车辆都装载导航的印象相对,占有率低于20%给人的感觉是,日本以外的各国市场几乎不装备车载导航。

在日本,由于车载导航是当前车用ICT设备的代表,容易让人产生将其作为今后ICT开发基础的想法。然而,由于车载导航在日本以外未得到普及,若以此为延伸,开发ICT设备是行不通的(图1-8)。量产效应是关乎ICT成败的决定性因素,

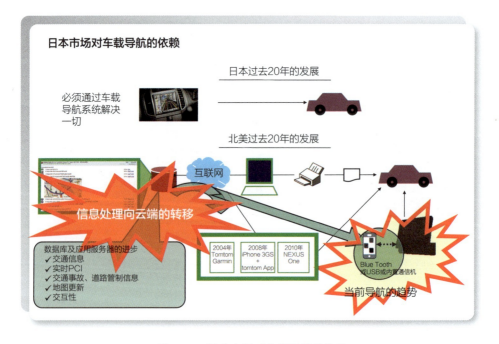

图1-8 日本市场对车载导航的依赖

而从全球角度看，日本仅是一个很小的市场，因此以车载导航作为网联汽车、ADAS 的起点，将是战略性错误。

地图的阅读方式存在差异

关于车载导航为何仅在日本广受欢迎，作者曾提出了一种假说。由于该假说在全球广为传播，迄今尚无争议，姑且可认为假说与事实很接近（图1-9）。

"地图的阅读方式"在日本国内及国外存在很大差异。其最重要的原因是住址的标注方式，世界范围内只有日本特立独行。日本的住址除京都以外都以"街区方式（区块地址）"标注，而国外则以"道路方式（道路地址）"标注。以六本木6-6-6为例，对区块地址进行解读。前两个6表示六本木的6丁目6番地街区，街区原则上是以道路围成的区划（区块）为单位的，最后一个6则表示在该街区中为6的住址号码。上述"住址"完全没有体现道路信息。在分配住址号码时，以距市町村中心近的街区周边街角为起点，以此沿街区外围，按顺时针，每

图1-9 日本及海外（例如美国）在地址标注方式上存在差异

深入理解
ICT与网联汽车

[10] 1963年12月16日，官报资料编 No.305，自治省《易于理解的市街地居住地址标注应采用街区方式还是道路方式?》

10~15m 给出 1、2、3 等基础编号，并将位于建筑物正门或主要出入口位置的基础编号作为住址号码[10]。

与此相对，"道路地址"基本以住宅或其他建筑物所面向道路的名字作为地址标注的基础。由此，与日本不同，地址信息为"线信息"而非"点信息"。由于地址编号以数字先后为顺序，沿道路前进时，越接近目标数字表示越接近目的地，走过头也可通过数字发现。此外，由于道路两侧采用奇偶数区分标注，目的地位于道路的哪一侧也一目了然。

因此，即使知道日本某地地址，若不在二维地图上找到其所在地，并把出发地与目的地用线条连接，是无法实现导航的。而采用"道路地址"，仅需罗列道路名称"线信息"，即可大致实现导航，而无须使用图形化的地图信息。在车辆行驶时，通过告知下一条道路在何处并应如何驶入，是很容易指引到达目的地的。

该方法即为"turn by turn"式简易导航，并在欧美得到广泛应用。仅通过文字（或顶多再附加箭头），即可告知当前行驶的道路名称、需驶入的下一条道路名称、距下一条道路的距离、转向方向等信息，以此到达目的地。使用该方法，图形化地图信息的有无也变得无关紧要。可见，无须具备日本车载导航的高级图像处理能力，仅通过相对廉价的设备也可以在"道路地址"上实现导航。

当前，谷歌导航的软硬件规格均相当高，其图像处理性能甚至优于日本的车载导航。然而，"turn by turn"信息仍被布置在了该导航界面中最重要、最显眼的上方区域，这也印证了该方法在道路导航上极佳的适用性。

与车载导航相比，更应基于 S&S 开发 ICT 系统

另一方面，海外发生盗窃事件的概率大大高于日本国内，破案率也更低。因此，海外对盗窃预防以及向警察局、消防局

等进行信息通报的系统存在很高需求。

因此，相对于日本导入车用 ICT 系统从导航起步，美国等其他国家则是从"S&S（Safety and Security）"开始的（图 1-10）。

在美国，存在不少未配备车载导航但装载了 S&S 系统的车型。美国通用汽车公司的 OnStar（安吉星）是其代表。美国人口密度的地域差异很大，有时行驶在乡村道路上，几个小时都见不到对向来车，因此可能会发生"被雪掩埋""落崖失去意识"等状况而无人知晓的情况。在日本发生事故时，通常发现者会通知救护车或警察。而在美国，车辆能自动发送位置信号并寻求救援往往是关乎性命的重要功能。为了在不备之时救人性命，作为基于通信技术的 S&S 系统的组成部分，该功能得到了推广普及。

图 1-10　在美国 ICT 的普及是从 S&S 开始的

在美国各州均存在的接收求助并派遣救护车的 PSAP（Public Safty Answering Point，公共安全应答点）体系。当遭遇事故安全气囊膨开或车辆翻车时，即使在乘员失去意识的情况下，车载电话也会自动向 PSAP 拨打求助电话。话务员确认通话内容后，根据需要派遣救护车或做出其他救援响应。

S&S 内置通信机的通信模块与手机基本相同，但其构造更为坚固，且安装于发生事故时不易受到冲击的位置。由此，即便车辆遭遇火灾、碰撞，模块也能正常工作。针对高级车，为了确保翻车时也能通信畅通，更进一步在车辆底部配置了额外的通信天线。欧洲的 eCall 系统功能与之类似。

某案件对被盗车辆追踪功能的应用造成冲击

S&S 的另一个典型应用是 Stolen Vehicle Tracking（SVT，被盗车辆跟踪），即获取被盗车辆的位置信息。车辆被盗后，搜索该车辆车载内置电话与外界通信的信号，以此可通过手机基站推断被盗车辆位置。若车辆具备 GPS 功能，则可进一步通过 GPS 信号实现车辆的精确定位。

然而从若干年前，美国对被盗车辆追踪功能的使用开始进行限制。虽然在车辆实际被盗时，其有效性毋庸置疑，但该功能的滥用导致了以下案件的发生：某人察觉妻子每晚外出，想调查其去向，于是通过被盗车辆跟踪功能掌握了其目的地。随后该人单独前往该地将妻子杀害。该案件发生后，在美国即便使用被盗车辆跟踪功能，也不再将定位信息直接告知用户，而必须由警方告知，并在警方的陪同下对被盗车辆进行搜索。由此，该功能的使用变得十分烦琐。

然而，由于存在多起为车辆购买高额保险，随后将车辆运出国外，宣称车辆被盗并骗取保险赔偿金的案例，巴西对被盗车辆追踪功能的需求仍然强烈。

PND 导航及智能手机导航

车载导航的功能可概括为以下几点：随着车辆的行驶实时显示车辆周边区域的地图；在地图上正确地标记车辆的当前位置；通过二维线段显示当前位置至终点的行驶路线；若车辆在行驶过程中偏离了先前规划的路径，识别该情形并通过计算即刻更新路径。对于20世纪90年代的信息处理技术而言，上述功能的实现需要具备相当高的技术能力，必须通过导航专用终端设备实现。由于日本对导航功能旺盛的需求，即使售价高达20万~30万日元仍然有市场。

然而在日本以外，车辆导航时并不需要地图。在21世纪的头十年，智能手机端地图软件还不像当前这样普及，美国人通过出发前在计算机上查看谷歌地图，即可了解该如何到达目的地。在更早前，名为 mapquest 的互联网信息服务被广泛使用。其使用方法是：通过服务查询沿途道路名称，打印道路名称清单并在行驶中不时查看。

当时的路径导航信息服务基本采用类似"沿某道路直行多长距离，到达某道路后向东行驶，在到达多少距离外的某道路时向北行驶"的文字说明[11]，发展到后期也仅增加了立交桥或大型交叉路口的地图显示。实际上，在美国为他人指路时，通常均会以行驶先后顺序告知路名，几乎没有人用画地图的方式进行说明。

[11] Turn-by-turn 文字信息。

2004年，荷兰 TomTom 公司的便携式导航设备（Portable Navigation Device，PND）突然成为了热门商品。该导航设备既有地图显示，同时具备 Turn-by-turn 信息提示功能。虽然售价仅2万~3万日元，却具备了目的地搜索等多种功能。在2004年圣诞节商战上，该商品作为礼品获得热销。由于收礼者在使用后对其赞誉有加，送礼者再次购买自用，使得该商品更加畅销。因此，2004年后欧美的车载导航市场被后来居上的PND严重打压，至今仍未见起色（图1-11）。

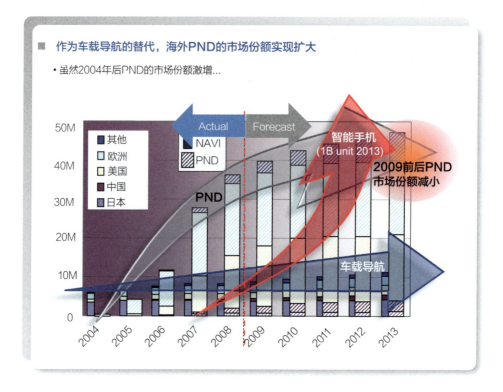

图1-11 车载导航市场的成长及智能手机的市场渗透

[来源：作者基于日本电子信息技术产业协会（JEITA）的数据后制图]

  2009年，苹果公司将TomTom公司的PND导航软件作为iPhone3GS的付费选装应用，这成为智能手机具备真正导航功能的发端。虽然2008年上市的Google Phone安装了简易的谷歌地图，但接近当前水准的谷歌地图导航功能是从2010年1月发售的Google Nexus One（Android 2.1）起实现的。由于使用免费，同时随着导航正确度、易用性的提高，以及全球范围内道路拥堵信息的完备，基于安卓系统的谷歌地图及其车载导航功能在全球范围内广为普及。

  当前，在LTE信号稳定地区可实现准确度极高的导航功能。而在某些地区（如部分欧洲国家）LTE的普及程度仍较低，因此PND目前仍被广为使用。谷歌公司已于近期开发了离线导航功能。随着离线导航功能的完善及LTE通信的普及，安卓智能手机或 iPhone 的导航功能将可能超过 PND 或昂贵的车载导航仪。作为今后车载导航的发展方向，该趋势在四五年前就初见端倪了。今后的进一步发展方向是，将易用、价廉的车载导航或类似智能屏互联系统的设备与智能手机相连接，以此实现导航功能的最优化。

可将今后的车载导航视为智能手机的延伸。将智能手机与服务器连接，若地图信息源于服务器，可通过智能手机实时了解道路封闭、交通流量、交通事故等最新信息。将上述信息传输至简易车载导航或智能屏互联系统，即可实现导航功能。

GSM、PND 在全球范围内仍有用武之地

除了此前提到的地址标注方式外，日本的通信环境也与众不同[12]。一般而言，海外通信环境均不如日本。早已过时的第二代通信协议 GSM（Global System for Mobile Communications，全球移动通信系统）在某些地区仍然通行，IP（互联网通信协定）未得到应用。

[12] 大多数情况下日本处于领先地位。另一些通信协议在海外并未得到推广，仅存在于日本。

作者于 2015 年 3 月赴巴塞罗那，看到众多出租车司机仍在使用 PND。难道当地无法使用智能手机进行导航？事实确实如此。在出租车上，作者一直注视着手机上的谷歌地图。巴塞罗那的 LTE 环境似乎并不稳定，行驶时经常在 3G、4G 网络间切换。如此一来，智能手机上的导航功能难以稳定运行，因此 PND 仍有用武之地。

如之前所述，PND 自 2004 年起迅速占据欧洲市场，并于 2008 年达到顶点，当年年销量高达 4000 万台。随着 iPhone、安卓智能手机于 2007 年、2008 年相继出现及其随后的迅猛发展，PND 的市场份额受到侵蚀。智能手机在 2013 年的出货量高达 10 亿台，此外在技术开发角度也占据了绝对优势。

在矢野经济研究所发布的车载信息终端 2013 年、2014 年实际出货量及今后预测中，2013 年 PND 在日本、美国、欧洲

主要五国（英、法、德、意、西）及中国共八个国家中的出货量高达2210万台，但预测至2019年，其出货量将减少至1304万台（图1-12）。今后，由于被智能手机所取代，PND在发达国家的市场份额将大幅下降，然而在通信环境较差的新兴国家，其市场份额预计将有所增长。

■ 日本、美国、西欧主要5国、中国的乘用车车载信息终端（车载导航/PND/DA/后视镜监控仪）安装数量的变迁

（单位：千台）

		2013年	2014年	2015年 （预测）	2016年 （预测）	2017年 （预测）	2018年 （预测）	2019年 （预测）	年平均增长率 （2013年~2019年）
日本/美国/西欧 主要5国/中国 导航	安装数量	16692	17777	18921	19712	20,365	20893	21365	4.2%
	增长率	—	106.5%	106.4%	104.2%	103.3%	102.6%	102.3%	—
	装车率	31.6%	31.1%	32.0%	32.8%	33.3%	33.6%	33.7%	
日本/美国/西欧 主要5国/中国 PND	安装数量	22100	20100	18400	16900	15500	14240	13040	-8.4%
	增长率	—	91.0%	91.5%	91.8%	91.7%	91.9%	91.6%	—
	装车率	41.9%	35.1%	31.1%	28.1%	25.3%	22.9%	20.6%	
日本/美国/西欧 主要5国/中国 DA	安装数量	2220	3643	5231	6821	7952	9065	10204	28.9%
	增长率	—	164.1%	143.6%	130.4%	116.6%	114.0%	112.6%	
	装车率	4.2%	4.2%	8.9%	11.3%	11.3%	11.3%	16.1%	
美国 后视镜监控仪	安装数量	1000	1500	2440	3380	4320	5260	6200	35.5%
	增长率	—	150.0%	162.7%	138.5%	127.8%	127.8%	127.8%	
	装车率	1.9%	2.6%	4.1%	5.6%	5.6%	8.4%	9.9%	
日本/美国/西欧 主要5国/中国 车载信息终端 安装数量（合计）	安装数量	42012	42012	44992	46813	48137	48137	48137	3.2%
	增长率	—	102.4%	102.4%	104.0%	104.0%	102.7%	102.7%	
	装车率	79.6%	75.2%	76.1%	77.8%	78.6%	79.4%	80.2%	

矢野经济研究所预测

图1-12 全球车载导航市场的概况与预测

（来源：矢野经济研究所，http://www.yano.co.jp/press.pdf/1405.pdf）

图 1-12 中，浅蓝色为车载导航的出货量。在此前多年间，其全球出货量虽然呈增幅很小的线性增长态势，但增长将于 2017 年停止。与此相对，智能屏互联系统的占有率则将增加。如之前所述，可通过 CarPlay 及 Android Auto 等映射技术，将手机视频/音频在外部设备上播放，预计该功能今后将更为普及。关于车载导航功能的介绍到此为止。

车辆成为信息收集传感器

让我们将视点从车内转移至车外。网联汽车（Connected Car）是指将车辆接入互联网，并在服务器上对收集到的多台车辆的传感器数据进行分析后，将车辆行驶环境、行驶状态等信息反馈至车辆及驾驶人。在日本，该技术于 2004 年前后已经成熟，虽然当时尚未出现 IoT 的说法，但汽车 IoT（Vehicle IoT）却正是由日本国内的汽车企业实现的。

该领域一般被称为车载信息服务（Telematics），在日本国内，日产 CARWINGS、丰田 G-BOOK、本田 Internavi 系统于 2004 年左右由第一代发展至第二代，并在此后基于互联网技术获得进一步发展。

网联汽车可通过车载通信机或用户手机获取车辆位置信息，通过各传感器获取刮水器、ABS 等系统的运行情况，并可将上述信息上传至云端。

以位置信息为例。将车辆位置数据[13]上传至服务器，根据位置与时间的关系，即可掌握车辆行驶速度、道路拥堵情况等信息。在历史数据基础上，可进一步对道路拥堵情况做出预测，并给出耗时最短路径推荐及该路径的预计通行时间。

该功能正是本书 1-2 中所提及的基于车载信息系统的道路拥堵信息服务。当道路拥堵状况变化时，将进行路径动态规划并在车载导航上更新显示，该功能也被称为"实时路径导航"（图 1-13）。

[13] 将数据匿名化，并对大量数据进行进一步统计处理。

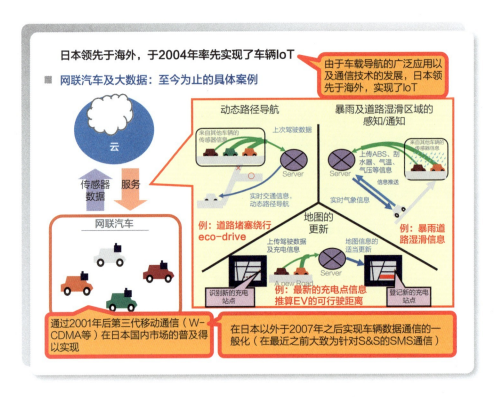

图 1-13　日本先于海外，在 2004 年左右实现了车辆的 IoT

能源消耗亦显著降低

"实时路径导航"的另一项好处是其显著的节能效果。当车辆在拥堵状态下以 5km/h、10km/h 的速度行驶时，将产生无效燃烧。这不仅将导致更高的油耗，每公里二氧化碳排放量也将显著增加。通过避免拥堵，可达到一般道路 60km/h、高速公路 100km/h 的所谓法定行驶速度。实际上，由于该速度下可实现良好的燃烧效率，即便绕路行驶仍可降低整体燃油消耗。由此，"实时路径导航"成为车载信息系统的开发热点，在日本以外也广获好评。

此外，若某区域内多数车辆的刮水器处于高速档，可推断当地正在下暴雨。通过数据中心对刮水器动作的分析，可提供高准确度的暴雨资讯服务。同样，将车辆 ABS 的激活记录上传至云端，并与天气、时段、车外温度等相关数据相叠加，经分析后可掌握路面结冰状况，并由此在车载导航上给出绕行提示。

早在 2008 年，日产汽车就已在北海道开展了用于实验目的的类似服务[14]。此外，通过分析电动车，则能够掌握其充电状况，即车辆在何处，以多大的电压/电流，充入了多少电量。若了解充电时电流与电压的关系，即可掌握电池状态。由于车辆位置信息可知，若发现多辆电动车从某天开始在某位置充电，可得知该位置配备了新充电桩。同时也可掌握该充电桩是有偿使用、会员制，还是任何人均可使用等各类信息。实际上，将此类信息上传至网络，通知用户新上线充电网点的地图信息服务已经存在。

14　drive nissan-carwings.com/WEB/ITS/

如上所述，不需要驾驶人介入，在云端对车辆上传数据进行信息处理，再由车载导航接收信息，这正是真正意义上的 IoT。

日本的移动电话于 2000 年起实现 3G 化

日本的移动电话技术始于 FOMA（光纤媒体连接），并从 2000 年起进入了 3G 时代。当时，i-Mode 在日本国内已得到了广泛使用。在手机入网签约时，几乎所有用户均不仅购买通话套餐，同时也购买流量套餐。因此，即使车辆没有内置移动电话功能，也可使用驾驶人随身携带的手机获取数据服务。日本在该领域已领先于海外市场。

在 2004 年，即便在欧美各国，使用手机进行数据通信的比率也很低。在日本以外，像当前这样同时签约通话、流量套餐是在 iPhone 和 Android 上市后才出现的。使用手机拍摄照片并传给朋友、下载音乐、发送带表情包的短信（例如 NTT-DOCOMO 的 CHTML 短信业务）以及浏览网页等功能，直到 2007 年 iPhone 推出后，才在日本以外得到流行。而在此前，日

深入理解 ICT与网联汽车

本以外的市场则认为手机无须具备这些功能,并对日本的状况感到不可思议。在日本,车辆 IoT 于 2004 年就已实现。或许有人认为这是"孤岛市场",但在手机通信技术上,日本确实先行于世界。

"畅通道路地图" 在地震灾后重建上大展身手

另一个出名的案例是"畅通道路地图"(图 1–14)。

地震后,通过分析汽车实际行驶情况,在地图上更新类似"此处已畅通""此处尚未通车"的信息。本田公司此前已提供过类似服务。东日本大地震后,具备道路交通信息收集利用业务基础的本田、先锋、丰田、日产四家公司,通过对大量车辆数据的分析,获得了更为精确的道路畅通信息。

■ 地震发生后,各企业打破了彼此间的壁垒,通过在云端的协作,收集整合了道路交通信息

■ 可实际通行的道路

东日本大地震 受灾地周边可实际通行的道路

图 1–14　畅通道路地图

(来源:日经 Automotive Technology,2011 年 7 月,p39)

然而，由于上述四家公司的数据格式（形式）存在差异，为了整合四家公司收集的数据并在同一张地图上展示，必须对数据格式进行匹配。对此，谷歌公司在震后立即着手进行数据整合工作。为了将震后状况上传至互联网以实现危机应对，谷歌将上述四家公司的数据转换为可应用于谷歌地图的 KML 格式，并通过 ITS Japan 每天对数据进行收集、整理，以此实现"畅通道路地图"的更新。

提供充电桩的位置信息

日产公司在推出 Leaf 电动车时，开发了 EV-IT 系统（图 1-15）。该系统可根据当前的充电状态预测此后的可行驶里程。对于电动汽车而言，即使充满电，也无法准确计算实际续驶里程。例如，以 100km/h 匀速行驶时，最大续驶里程仅为 120km；若在高速行驶时使用空调，续驶里程将进一步下降至 100km 以内。

图 1-15　EV-IT 系统

若在平地以 60～70km/h 匀速行驶，则续驶里程可能高达 200km。此外，在上坡路段仅能行驶很短的里程，下坡时则可通过制动力回收给电池充电从而延长续驶里程。空气阻力与速度的平方成正比，车速过高将给逆变器、电机带来很大负荷，同时空调的耗电量也很高。可见，电动车的续驶里程与行驶环境、车辆状态有很大关联。而通过分析上述参数，预测可续驶里程是极为困难的。

日产公司通过其全球数据中心，对大量电动车实际行驶数据进行分析，以此开发了电动车行驶距离预测系统（图1-15）。如前所述，通过从电动车获取的数据可识别充电桩位置。若预测车辆当前电量不足以到达目的地，系统将及时提醒驾驶人在最适合的地点充电，以确保可安心到达目的地。

该功能已同时在日、美、欧市场上得到应用。而在当时，同时面向日、美、欧市场的ICT服务在其他汽车企业尚未得到开展。由此，日产公司获得了在西班牙巴塞罗那召开的通信领域世界最大规模年会 Mobile World Congress（MWC）的2011年度"Best Mobile Innovation for Automotive and Transport"奖项[15]。

---

[15] 今后，为实现先进驾驶辅助及自动驾驶功能，需要各汽车企业成立数据中心，并与通信行业相互协作，以此收集销往全球市场的车辆数据。为保护个人信息，各汽车企业需要对其车辆原始数据的安全负责，这是值得一提的重点。此外，对于无法独立完成数据处理的汽车企业，在个人数据保护及网络安全等课题的技术应对上，可能需要在全球范围内与从事信息处理服务的公司开展合作。

深入理解
ICT与网联汽车

第 2 章

智能手机与汽车的关系

2-1 车载导航仪与手机在技术上极其相似

2000 年日本领先于世界各国，率先实现了手机基于网络协议的数据通信服务商业化。虽然被称为"市场孤岛手机"，但在 iPhone 出现前，其大多数功能均已在日本手机上得到实现。这正是对日本的手机企业及其员工不懈努力的回报。在此期间，随着手机功能、服务的增加，除通信领域的必要编程外，其他各类软件也相继出现（图 2-1）。

最初，为了在手机上浏览互联网信息，与 i-Mode 功能类似的 cHTML 简易浏览器得到导入。通过使用 Java 语言，手机应用程序的运行、下载及安装也得到实现。通过手机可收发电子邮件，实现多格式、高色度图像显示，编辑 cHTML 格式邮

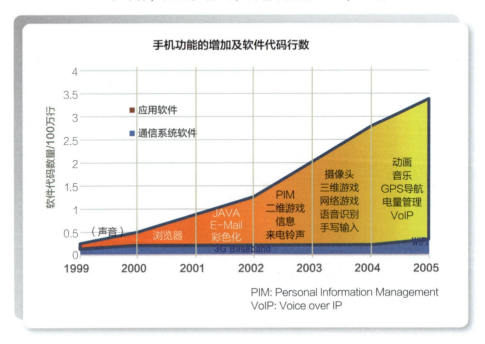

图 2-1　手机功能的发展
（来源：作者基于 www.linuxworld.com 的数据制图）

件，接收歌曲/旋律，使用相机功能拍照，在邮件中添加照片，玩游戏，实现音乐下载等。诸如此类，每年均有新功能不断推出。诸如语音识别、三维游戏、网络游戏等高级功能也陆续实现。

对于手机软件的开发而言，通常并非通信类软件，而是上述附加功能的开发。2003年，CDMA One 及 CDMA2000/1X 制式的手机通过 GPS 实现了位置信息服务。实际上，通过 GPS 信号获取时间同步原本是时分移动通信[1]的基本功能，因此 GPS 与手机间的亲和度原本就很高。通过在地图上显示 GPS 信息，可掌握当前所在位置，以此为基础，W-CDMA 制式也可实现 GPS 导航功能。即使在智能手机出现后，GPS 导航也得到继承，并成为其不可或缺的重要功能。

[1] 此外存在码分及频分方式。

车载导航仪与手机的发展方向完全相反

与手机的发展过程相反，车载导航仪的开发是基于 GPS 应用起步的。车载导航仪通过 GPS 信号，对自身当前位置进行测量。在高楼林立的城市中，由于信号多路径问题导致 GPS 定位紊乱，需要通过修正获取更为精确的定位。由于存在 10m 左右的定位误差，需要在车载导航仪计算修正后，再将车辆位置显示在地图上。在无法获取 GPS 信号区域（如隧道内），需要基于车速脉冲信号进行初步计算，并使用陀螺仪惯性力测量对计算结果加以修正，以此在车载导航上显示车辆的假想位置。若感知到车辆行驶方向发生变化，可对照地图上的道路交叉口等信息对车辆位置进行进一步修正。通过上述方法，车载导航仪在二维数字地图上对车辆位置进行标注，以告知驾驶人车辆在地图上的精确位置。此外，通过将道路信息数值化并生成数据库，可在计算后判断哪条路径耗时最短。

在实现上述车载导航基本功能的基础上，与日本"孤岛手机"的发展同步，车载导航附加功能的数量急剧增加，例如：

ITS（ETC、电波信标、光信标等）、HDD 音乐播放、DVD 播放、免提通话、iPod 连接、二维地图三维化显示、显示相机照片、接收数字广播、目的地检索（包含数据库检索）、获得 RSS[2] 等互联网信息、各类 Java 应用软件、S&S 应用等。车载导航仪的发展方向虽然与手机完全相反，但整体来看，两者实现的内容是相同（图 2-2）。

> 2 互联网网址摘要、更新信息等 XML 格式的概述数据。

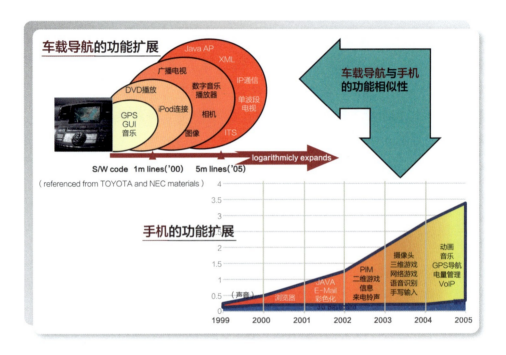

图 2-2 车载导航与手机的相似性

（来源：右下图基于 www.linuxworld.com 数据由作者制作。）

"孤岛手机"未能成为智能手机

虽然日本的"孤岛手机"在外观、用户界面上与 iPhone、安卓手机存在差异，但后两者的很多功能在其上市的 2007～2008 年之前，在"孤岛手机"上均已实现。那么，为何"孤岛手机"未能成为智能手机呢？（图 2-3）

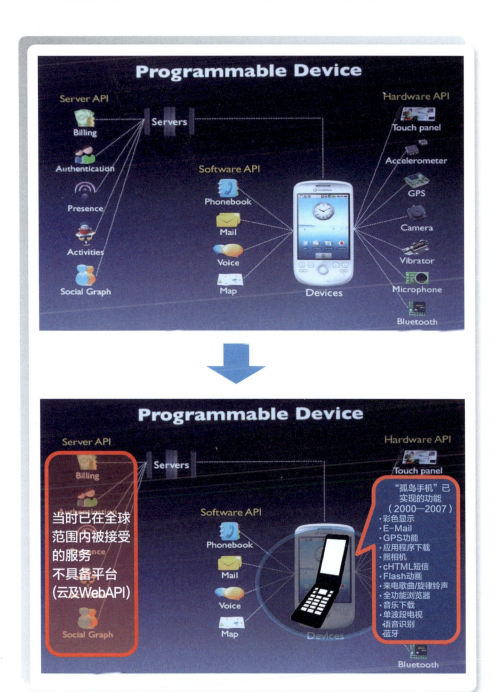

图2-3 为何"孤岛手机"未能成为智能手机？

（来源：作者在孙泰藏2013年7月24日"Softbank World 2013"上发表演说"移动及云技术带来的变革"时拍摄的演说内容，并添加了部分注释。）

通过 W-CDMA、CDMA2000 1x 的使用，日本国内的移动电话网进入了第 3 代。可实现高速数据通信的 i-Mode 在最大程度上提高了互联网的亲和性，由此日本通过手机形成了巨大的数据通信市场。手机上加装的新功能不断增多，相关关键技术获得不断进步。画面彩色化、加速度传感器、GPS、相机、传声器、动画/静止图像显示、蓝牙等功能均得到实现，同时也可通过网页浏览器阅读邮件，查看地图。

随着销量的增加，"孤岛手机"的主要部件可移至韩国或中国生产，在确保品质的同时，成本因素也同时得到了考虑。iPhone 也并不是从无到有，对其所有零部件进行开发的。在硬件角度，业界现有的各类组件已相对成熟，仅需从中精选出所需部分即可。若存在大量订单需求，即使是最高水准的新一代部件，也能够以具有竞争力的低价获得并提前实现成组化应用。

"孤岛手机"同样在 Java 软件环境下，可实现各类第三方应用程序的开发，并可通过 i-Mode 等平台实现软件的下载应用。其操作系统也由最初的 ITRON 逐渐过渡到以多媒体见长的 Linux。在 Linux 环境下，国际上广为流行的各类软件工具及开源代码可方便地得到应用。由此可见，"孤岛手机"从软件角度而言，也绝非是仅面向日本国内的狭隘系统。

事实上，即使从当时国际水平来看，"孤岛手机"作为移动电话终端，其功能也可称得上是顶尖的。遗憾的是，以目前的 ICT 全局着眼，"孤岛手机"的服务器端软件群（当前称为云系统）从 2007 年左右起开始落后于国际水平。在基于客户服务器的运作模式下，当前的智能手机能够方便地在云端服务器上处理各类功能，并通过云端提供全球化解决方案。而该运作模式在当年并不存在，没有云系统，WebAPI 也当然无从谈起。WebAPI 是指位于 Web 端的调用软件功能、数据所需的 API（Application Programming Interface，应用程序编程接口）。在将各软件组件间关联的接口间,则以 HTTP(HyperText Transfer Protocol,超文本协议)作为数据处理的基础。

近年,将终端用于图像显示、用户界面及控制(操作),通过位于云端或数据中心的服务器提供实质性解决方案的模式已得到实现。此外,通过服务器提供的解决方案可在各类终端[3]上得到应用,云技术的重要性由此得到提高。终端、云端的相辅相成更促进了技术的飞速进步。由于在云服务器群规模上存在的差距,"孤岛手机"无法像智能手机那样在国际上得到广泛应用。或者说,在其国际化进程中无法获得一定规模的服务器群,这或许正是"孤岛手机"无法成为智能手机的理由之一。

[3] 并不局限于智能手机。例如电视、车载导航、相框、冰箱、热水壶等也可被称为终端。

在今后的车用 ICT 上,在地图 API 上的话语权是至关重要的

在智能手机上,出现了基于 GPS 定位信息的各类定位服务,例如用户参与型导航应用 Waze[4] 等。

此类定位服务需能够在诸如 IVI(In-Vehicle Infotainment,车载信息娱乐系统)等下一代导航设备上得到应用。虽然当前定位服务已应用普遍,但随着今后基于地图、位置信息的服务在云端的进一步扩展,在地图/服务互动用 API 上的话语权,特别是对于车用云端服务的扩展而言,将变得越来越重要(图2-4)。

[4] 2013年6月11日,Waze 被美国谷歌公司以超过10亿美元收购。

美国谷歌公司于 2005 年发布了 Google MAPS API,并几乎统治了当时的地图 Web API 领域。此后,苹果公司、微软公司,以及多家地图公司均针对各自的地图发布了 Web API。谷歌公司虽在市场占有率上略具优势,但市场竞争已日趋白热化。作者认为,通过 ADAS、自动驾驶用地图 API 等新功能的植入,还是有抢占国际市场机会的。

特别在三维地图领域,若日本企业能提取特征点的空间信息并将其标准化,可将其作为全球通用的自动驾驶辅助工具,

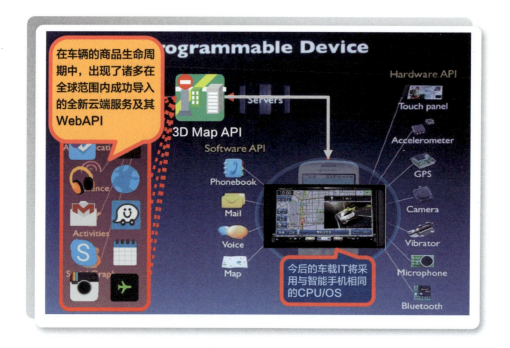

图 2-4 在车辆的商品生命周期中（10 余年），
出现了诸多在全球范围成功导入的全新云端服务及其 WebAPI

（来源：作者在孙泰藏 2013 年 7 月 24 日 "Softbank World 2013" 上发表演说
"移动及云技术带来的变革"时拍摄的演说内容，并添加了部分注释。）

在国际市场上抢占先机。特别是通过灵活运用在车载导航领域所积累的地图信息处理经验，在三维地图领域维持客户的依赖性（例如："若不使用该系统，服务与设备则无法连接"），这对于提高国际竞争力，即扩大公司业务范围也有着至关重要的作用。日本市场的特点是早期采用者（尝鲜者）众多，开发出的新产品有机会得到广泛使用，在定义车用三维地图时，对该市场特性的利用是尤为重要的。

从"孤岛手机"到智能手机的顺利过渡

3G"孤岛手机"的发展相当顺利。NTT DOCOMO 于 2001 年率先开展 3G（W-CDMA）商业应用，成为全球范围内的先驱。KDDI 与 J-Phone 随即跟进，并于 2008 年实现了高达 84% 的域内 3G 普及率。当时，位列普及率第二、第三的分别是北美地区的 29% 及欧洲的 25%[5]。因此，可以认为为了在全球范围内推广移动数据通信，首先需要实现智能手机的普及（图 2-5）。

[5] "The Mobile Internet Report Setup" 摩根士丹利（2009.12.15）。

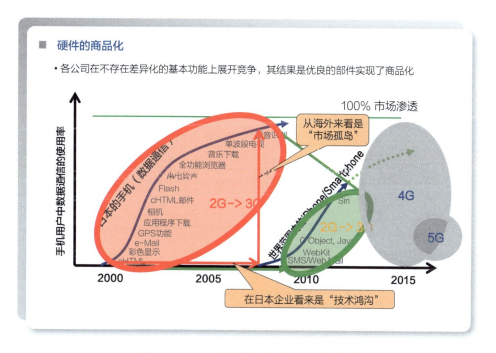

图 2-5 "孤岛手机"及智能手机的发展

从 3G 到 LTE，再到 5G

由于"孤岛手机"在日本的广泛应用，2G 手机至 3G 手机的迭代异常迅速。在日本以外，则是随着 2007—2008 年以后智能手机的成功而进入 3G 时代的。由此可见，手机制式的选择及其商业化应用时间在各个国家存在差异[6]。车辆 ICT 系统的设计在很大程度上将被各国的制式选择及市场占有率差异所左右。因此，在对 ICT 未来发展趋势进行预测时需格外慎重。

[6] 例如，中国于 2014 年第一季度实现了 LTE 的商业化应用。

领先于全球，日本将在2020年率先推出5G。LTE至5G的换代，并非是1G至2G、2G至3G、3G至4G那样的简单替代，而是4G继续覆盖所有区域，5G在4G的基础上覆盖城市区域。至少在今后的一段时间内，5G将作为4G的功能延伸并与之共存。通过研究至今已发布的LTE 12、LTE13、LTE14版本间的进化，以此对5G做出预测，并在此基础上展开车用ICT技术的探讨，这是十分重要的。

2-2　2010年之后的ICT与未来的汽车

到2020年，云技术及大数据处理将得到更为普遍的应用。各产业不同领域的知识积累、附加价值将作为服务器端应用程序，源源不断地出现在云端（图2-6）。

计算机处理能力的大幅提高是云技术、大数据处理得以出现的基础。图2-7展示了计算机在相当长时间跨度内的发展历程。

最早提出该观点的是以"技术奇点"理念（将在下文中详述）闻名的美国发明家、实业家、未来学家，目前在谷歌公司任职的Ray Kurzweil。图2-7以1900年为起点，当时的计算机并非数码计算机，而是机械式计算机，类似算盘的延伸。在以X

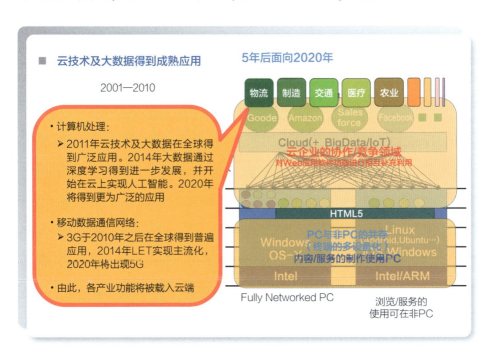

图2-6　ICT的构造变化

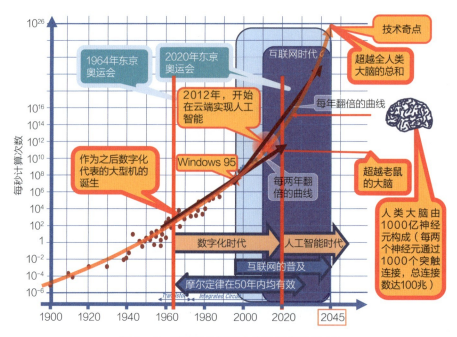

图 2-7　计算机处理能力的飞速发展与 AI

(来源：在 Ray Kurzweil, The Age of Sprirituel Machines, 1999, VKING, p24 基础上作者进行注解而成。)

轴为年代，Y 轴为性能的坐标系中，计算机的发展为图中橘色曲线[7]。

在此期间，摩尔定律于 1965 年被提出。事实上，从提出当时至最近的 50 年间，该曲线的走势始终遵循摩尔定律：即每一至两年性能实现翻倍。此外，图中的曲线是基于截至 2011 年的实际产品绘制的，实际的发展趋势可能比图中展示的更为迅猛。另一方面，正如广泛讨论后得出的结论，由于存在物理极限，至 2045 年高性能半导体的开发费用将超出其收益，计算机性能的发展可能逐渐止步[8]。

计算机的性能提升使 AI 得以实现

实际上，2011 年至 2015 年，计算机的性能参数仍得到了

[7] 售价高则性能也将相应提高。为去除价格因素，图中展示了折算为 1000 美元的各商品的性能表现。

[8] 也有通过量子计算机等全新技术实现进一步发展的建议。

持续不断的提高。这在代表产品的浅蓝色矩形框中得到了展示。虽然计算机的性能提升可通过用户界面改善等各种方法实现，但作者认为计算机的网络化才是最重要的因素，而该图体现的仅是折算成 1000 美元的单台计算机的性能。根据图中的发展趋势，计算机性能超越人脑将在 2029 年实现。这里所谓的超越人脑，是就认知、分析领域而言。若涉及意识、思考以及创造力，则难以进行衡量。无论如何，在对事物的认知及分析上，计算机超越人脑是完全可能的。

例如，当前通过云系统已部分实现了 AI（人工智能）。若在网络构造中存在巨量半导体装置，半导体装置彼此间存在巨量连接数，就可能实现对人脑活动的模拟。而在部分云系统上，其当前网络构造已具备所需的半导体装置数和网络连接数了。

智能手机的性能提升比计算机更快[9]，大概以每年 2 倍于计算机的速度增长。可认为当前 10 亿台以上的产量效应是促成其技术革新的要因。此外，智能手机的信息处理能力不仅通过终端个体实现，还需要基于网络连接获取的服务器资源。这正是智能手机功能提升得以实现的重要因素。2010 年以后，无论是计算机还是智能手机、服务器，均通过云端通信网络实现了大规模连接。由此，设备终端的性能通过网络连接得到了大幅提升。

[9] 虽然还需得到进一步分析确认，但至少在"孤岛手机"时代就已经体现出了该倾向。

曲线的右端出现了技术奇点。作为长期指数级发展的结果，此时的性能表现也许将突破天际。到 2045 年，价值 1000 美元的计算机中将植入相当于全人类脑容量的认知、分析能力，这将为技术奇点的到达奠定充分的基础。那时计算机在形式上将不仅局限于当前的个人计算机。可能是智能手机、可穿戴终端，甚至是人体植入式装置。

加速计算机的发展

计算机的快速发展将进一步推进 AI 的进步。最近，即使在智能手机上，也装备了 4 个或 8 个 CPU，并将其整合运作。通常，将 8 个及以下 CPU 的整合称为多核（multi core），8 个以上则称为众核（many core）。

使用单个 CPU 进行大量信息处理是存在极限的。随着 CPU 时钟频率的增大，其发热量的增加将最终导致其无法运行。对此，计算机于近年使用了多个 CPU，并以此进行数据的并行分散处理。然而，为了使多个 CPU 进行并行运算，需解决内存与处理器间的数据传输速率延迟、缓存布置方式等技术问题，并需要实现周边功能的最优化匹配。

实现大规模计算同样需要使用大规模服务器进行分散处理。数据分配方式、文件系统的最优化及分散处理方法的改善等技术革新得到了持续进步。此外，数据中心装备了大量高性能服务器。作为技术课题，如何实现其能效的提升也成为重要竞争领域之一。

模拟人脑的 CPU

如前文所述，当前的计算机以内存、处理器间的数据转移为基础结构。该结构有其性能瓶颈。为突破该瓶颈，IBM 公司通过模拟人脑，开发了构造与神经元、突触间的信号传递线路类似的计算机芯片 SyNAPSE。其 2014 年发布的第 2 代芯片 True North 更是具有超过 54 亿个晶体管及 4096 个内核，并各自具备 100Kbit 的晶载内存（on-chip memory），以此实现了相当于 100 个神经元与 2 亿 5600 万个突触的性能。

英特尔公司采用 FPGA 技术

为了提高 CPU 计算能力而增加其时钟频率，将必然面对散热问题。虽然采用 GPU（Graphics Processing Unit，图形处理器）进行并行处理是有效的解决方案，但 GPU 仍然存在散热问题。两者在运算速度上均已呈饱和态势（图 2-8）。

与此相对，由于结构简单，FPGA（Field-Programmable Gate Array，现场可编程门阵列）可在不产生热量的前提下实现性能提升，其耗电量也更低（图 2-9）。

在 2014 年 6 月举行的 IDF（Intel Developer Forum，英特

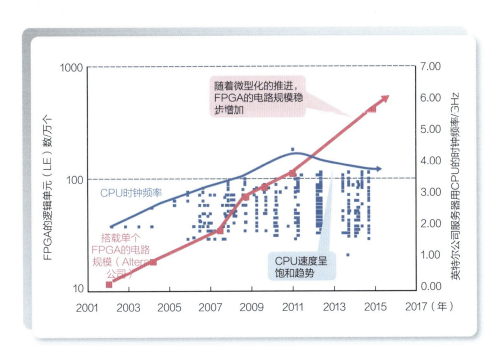

图 2-8　在 CPU 性能饱和时，FPGA 仍发展迅猛

（来源：日经电子，2014 年 11 月 10 日，p31）

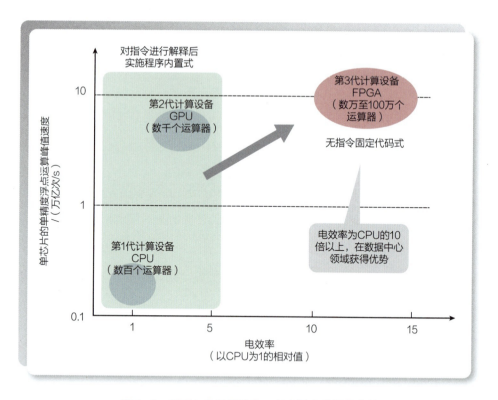

图 2-9　FPGA 在运算速度、耗电量上均更具优势

（来源：日经电子，2014 年 11 月 10 日，p29）

尔发展者论坛）上，英特尔公司正式推出了搭载 FPGA 的 Xeon 微处理器（图 2-10）。

计算机已接近人脑

服务器端，或者说云端所能达到的处理性能已于 2014 年左右超越了人脑。

需要集成多少 CPU、实现何种程度的网络化才能使半导体接近人脑？人脑是由多个神经元与突触相结合的产物。神经元拥有细胞核，以单一细胞的形式进行活动。神经元与神经元的结合点即突触。每个神经元均通过轴索与其他 1000 个神经元进行连接（图 2-11）。

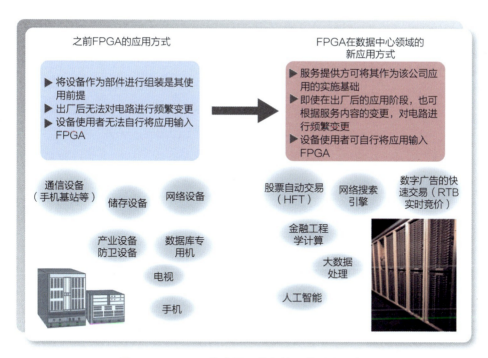

图 2-10　FPGA 的发展（从部件组装到实际应用）

（来源：日经电子 2014 年 11 月 10 日，p30）

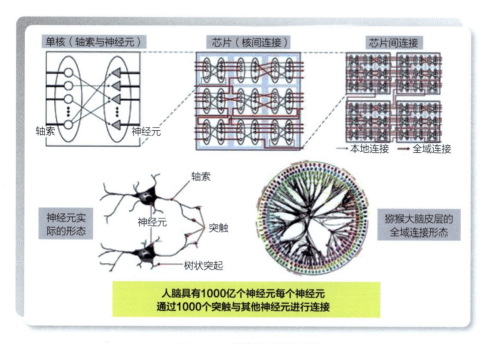

图 2-11　计算机及脑的构造

（来源：日经电子，2014 年 9 月 15 日，p42）

深入理解 ICT与网联汽车

10 根据最近的研究，成人男性的脑中平均有860亿个神经元。大脑皮质占脑整体体积的82%，但其中只含整体神经元的19%。而体积只占整体10%的小脑内集中了整体神经元的72%。（"'我'在哪里?"，伽扎尼伽脑科学讲义，迈克·伽扎尼伽，纪伊国屋书店，p47）。

据称人脑中有1000亿个上述的神经元[10]。每个神经元通过与另外1000个神经元相连接，形成了脑内的网络构造。电子在神经元间的轴索网络中如何流动，如何通过遗传因子或蛋白质将记忆固化，类功能在脑中的对应部位在何处等，在过去10至15年间，上述问题得到了一定程度的解答。计算机在最近10至15年间已得到了长足发展。随着今后脑神经科学与计算机科学的进一步发展，即使人脑本身无法完全模拟，至少在认识、分析领域，与人脑极度近似的计算机系统的开发将得到迅速推进。

语音识别得到迅猛发展

随着计算机性能的提高以及云端大规模并行处理的实现，此前极为耗时的计算能在短时间内完成。通过大数据分析，迄今难以涉足的领域也得到了探索。通过深度学习进行语音识别是特别值得一提的例子。迄今为止，开发者在编写语音识别算法时，必须对作为实验对象的声音数据及与之正确对应的文本数据进行逐一对照，以检查正误。否则，实验将无法持续进行。由于声音数据纷繁复杂且数量庞大，若通过研究者自身将"声音"逐一转化为"文字"，并进行正误判断将非常耗时。因此，"声音"与"文字"正确对应的既有实验样本是不可或缺的。

国会答辩记录是少数满足条件的样本之一。议员在国会上的发言被速记员原封不动地记录，因此存在语音与将语音直接转换为文字的两者间一一对应关系。这意味着，与声音输入相对应的"正确答案"文本已给出。因此，研究者可省去声音、文字的转换环节，直接对算法进行正误检查，专注于算法开发。是否具备此类实验数据，数据量是否足够，这将成为决定开发进度的瓶颈。

而云技术的出现改变了上述状况。谷歌的声音检索及苹果公司的Siri（Speech Interpretation and Recognition Interface，语音解释与识别接口）是很好的案例。

通过语音，用户向智能手机输入需要得到检索的单词。例如：用户说出"东京"时，该语音文件将被上传至云端的语音识别服务器。通过与常规语音识别相同的"声音模型""语言模式""发音字典"比照流程，用户输入的语音将被转换为文本。在此基础上，将进一步通过深度学习实现各模型自身及相互接口的最优化，以此进一步提高识别精度。作为针对"A、B两者等同或存在差异"进行机器学习并逐步提高精度的结果，语音输入"东京"后"东京"两个字几乎可在瞬间跳出。若用户认为识别结果正确，可继续检索。若期待的并非"东京"二字则可重新进行语音输入。可见，用户在使用语音识别服务的同时，还为其免费提供了正误检查。

由于语音识别系统有大量以世界各国语言为母语的普通用户，由此可在全球范围内迅速收集大量样本，此外，用户还向系统提供了免费的正误确认。数据量越大，算法的准确性则越高。由此，以智能手机为媒介的云端语音识别在最近一两年间实现迅猛发展。近半年前，语音识别又实现了进一步发展。例如，在自然说出"今天我早上起来后，途经上野站来到了这里"，在语音输入过程中，系统已经能够考虑可能出现的句型结构变化，并进行下文预测了。话刚说完，系统已将所说内容显示为了文字。若将语音上传至翻译用服务器，甚至可以实现同声传译。实际上，日语与其他语种间的翻译准确性还有待提高，英语、德语、法语、西班牙语间的翻译准确性已达到了相当的高度。

通过大量图像学习实现的"谷歌猫脸识别"

深度学习在语音识别领域取得了丰富的成果。而在其既定应用领域的图像识别上，深度学习同样成效显著。谷歌公司于

2012 年发表的"谷歌猫脸识别"是其经典案例。

通过向计算机持续展示提取自 YouTube 的 1000 万张 200×200 像素静止图像后,计算机对其中类似"猫"的图像做出了反应。

该成果的实现基于无监督深度学习。据谷歌公司公报,实验采用了 1.6 万枚 CPU,并在彼此间建立了超 10 亿个连接,以此对人脑进行了部分模拟。首先向计算机展示提取自 YouTube 动画的 200×200 像素静止图像。经过耗时 3 天的计算后,计算机提取出了其中所有带猫脸特征的图像。由于是无监督学习,没有人告知计算机什么是猫。因此在得出"这是猫"的结论时,计算机对什么是"猫"并没有概念。同时,计算机对"男性的脸"等人类的身体局部也做出了反应,并将其提取。此外,截至 2012 年 6 月论文发表时,据说系统在接受训练后,对 ImageNet 定义的 2 万类画像的正确识别率已达到 15.8%。

人类在 1 岁前基本未掌握语言,此时所处的状态与"无监督学习"是相同的。即便如此,大脑仍通过不断学习,对事物逐渐做出反应并实现认知。在上述案例中,计算机所进行的活动与之类似。掌握语言后,学习效率将得到提高。若事先告知"这是猫""这是灯塔",则是所谓的有监督学习。通过上述案例,可对 AI 的后续发展做出预测。为了使 AI 适用于先进驾驶辅助及自动驾驶,需进行图像识别、行驶算法等领域的开发,这同样至关重要的。

判别车、头盔、人

在有监督机器学习领域同样取得了进展。若事先告知"这是什么",可实现更深入的认知。在斯坦福大学、北卡罗来纳大学 Chapel Hill 分校、密歇根大学等组织的名为"ImageNet 大规模视觉识别挑战赛"(以下简称 ImageNet 挑战赛)的图像网络挑战赛上,各大学及研究机构基于其各自研究成果展开激烈竞争。在 2012 年，深度学习创始人之一的加拿大多伦多大学教授 Geoffrey Hinton，通过深度学习将图像识别的准确率迅速提升至 2 位数以上。深度学习的受关注度由此迅速提升。当前，有监督学习已能够对某张图片为某物体实现正确识别。

如图 2-12c 所示，2014 年已实现照片中何处存在何物的识别。例如可识别"这是椅子""这是狗""这是人"等。实际上，若计算机不具备"在哪里有什么"的认知能力，则无法在车辆图像识别上得到应用。预计至 2020 年左右，计算机将能够比人更快、更正确地对大量各类物体进行识别。

深度学习技术在各领域逐渐取得成果。a）微软公司视频通话服务 Skype 内置的自动翻译功能 Skype Translator 图像界面（英语·西班牙语翻译） b）NVIDIA 公司的图像识别功能示例 c）在一般物体识别竞赛 ILSVRC 中，计算机得出的物体检出结果（来源：日经电子，2015 年 6 月号）。

a）微软公司的[Skype Translator]
（照片：微软公司）

b）NVIDIA公司的汽车类型识别案例
（照片：NVIDIA公司）

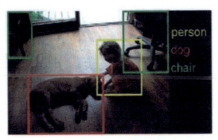

c）一般物体识别竞赛[ILSVRC]中的识别案例
（照片：NVIDIA公司）

图 2-12 深度学习取得的成果

人通常只能将注意力集中在单个物体上，而计算机可同时对多个物体进行并行处理。AI 的识别对象也将不局限于 1 个。在 2014 年 ImageNet 挑战赛上，已能够实现对 4 个以上物体的同时识别。今后面对数十个不同种类的物体，AI 可能将在识别速度及识别准确率上大幅领先于人类。

可在云端实现图像识别

Matthew Zeiler 在 2013 年 ImageNet 挑战赛上脱颖而出，获得了第一名。在谷歌公司实习结束后，他在美国成立了名为 Clarifai 的中小型新兴企业。该公司令谷歌、Facebook 之类的企业也垂涎欲滴，目前仍在坚守着独立性。

通过将图像上传至 Clarifai 公司网站，可进行图像的云端识别。在稍早的网页界面上曾显示服务器内部处理时间约为 60ms（目前该信息已不再显示）。虽然识别过程必然需耗费时间，但 60ms 中的大部分应该是信息上传及下载所耗费的通信时间。

大脑构造被逐步了解

2001 年之后，大脑构造及其功能划分得到了一定程度的了解，人类认识事物的机理也逐渐明晰。例如当看到问号时，虽然能够即刻理解"这是问号"，但却是在对线段、形状、颜色、运动等在脑内各区域进行要素分割、识别，并在各区域将各要素逐一与记忆相对照，加以综合后得出的结论。

测量大脑的应答时间

大脑在认知事物时需耗时多久？2001 年，曾有一篇在猿脑上插入电极、观测猿认知事物需多长时间的论文。

猿脑的构造与人脑基本相同[11]，其运作机理也相似：在机能不同的大脑各区域，分散地对事物进行认知，最后将各分散处

[11] 两者在构造的复杂程度及神经元、突触的个数上存在差异。

理得到的信息汇总后实现整体认知。其信号的主要流向同样与人脑相近，信号首先到达被称为 VI 的后脑区域，随后信息的"在哪里""是什么"部分分别向上、向下分流，经各区域分别处理后，最终将信息进行整合。通过对各区域神经元、突触的电流及其到达时间进行测量，最终得到"这是什么"的结论。对猿而言，整个过程需要耗时 80～100ms。

若在大脑完成事物认知后察觉到了需得到排除的危险，从眼睛看到到着手解决，猿大概需要耗时 200～300ms。而人在驾驶车辆时，从大脑发出"转动转向盘以避免碰撞"的指令到采取危险回避动作同样耗时约 200～300ms，可见人类大脑的机能运作速度与猿大致相仿[12]。

相对于猿 80～100ms 的识别时间，Clarifai 服务器耗时为 60ms，两者在同一数量级，但 Clarifai 服务器比猿的速度稍快一些。此外，Clarifai 还可以同时对多个物体进行识别⊖，从该角度而言已经优于人类。随着计算机的发展，AI 将比人类更快地对多个物体实现更为准确的判断。

[12] 对于进行了终极训练的奥林匹克百米赛跑运动员来说，即使采用蹲踞式起跑，从听到发令枪响到起跑也需要 120ms。

⊖ 译者注：原文为"人还可以同时进行多个物体进行识别"，逻辑上有误。

2-3 网络、云技术的重要性

手机的市场规模已达到每年 20 亿台左右的水平,并呈现出进一步扩大的趋势(图 2-13)。

2014 年,智能手机销量已达到手机总销量的一半,今后智能手机取代普通手机的速度将进一步加快。计算机在 2014 年的销量为不到 4 亿台,早已被智能手机超越,两者差距显著。仅安卓手机在 2014 年的销量就已超过了 10 亿台。在 ICT 领域,数量就代表着影响力。若能实现 10 亿台的年销售目标,在蓝牙、通信模块、照相机、陀螺仪及其他各类元器件的开发上,就能在成本及功能上与面向其他产品群的元器件拉开差距。举

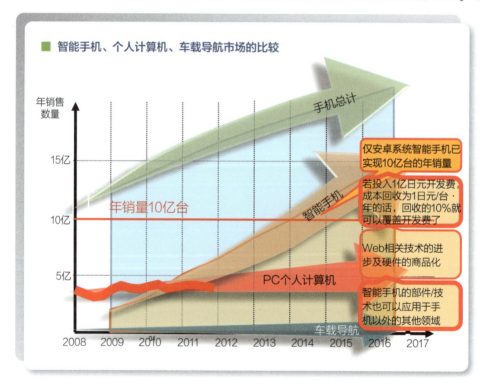

图 2-13 智能手机的市场规模是重要因素

个极为简单的例子：计划在1年后收回1亿日元的研发投入，若销量达10亿台，平均每台将仅增加区区0.1日元的研发成本。由此，以巨大的销量为前提，企业将敢于投入大量资金用于新功能的研发。

与此相对，车载导航的年销量为1000万台左右，仅为智能手机的百分之一。由此，车载导航仪专用零件的成本将急剧增加。若单独在车载导航仪领域投入开发费1亿日元，即便在整个销售范围内进行费用回收，分摊到每台导航仪的开发费也将高达10日元，是智能手机的100倍。由此可知，车载导航前途不容乐观。不仅零件，对网络的投资也是如此。在车载导航专用网络（包括数据中心）的建设上，开发投资的回收将十分困难。

因此，今后在开发车用ICT时，实现与智能手机的共用、共存是至关重要的。车用ICT应尽可能沿用为智能手机开发的部件、功能，尽可能分享针对智能手机的资本收入。对于车用ICT的发展而言，这将是重中之重。

将智能手机的传感器应用于车辆

智能手机上配备了大量的传感器。将来，将有许多智能手机传感器被运用于车辆（图2-14）。

加速度传感器、陀螺仪、气压计在智能手机领域已得到普遍使用。作为游戏终端设备（例如在让水平台面上滚动的球不跌落的游戏中），智能手机需要使用此类传感器。智能手机传感器能对细微的动作做出反应，拥有极高的精度。

用于压力检测的MEMS（Micro Electro Mechanical Systems，微机电系统）已变得廉价，并在安卓2.3版本后得到应用。据说安卓2.3版本可检测3m的气压差，即感知到电梯上升1个楼层。最近，气压差的检测精度据说已进一步提升至30cm。即使气压检测在绝对值上的准确度不高，但其变化量的

传感器种类	概要	安卓系统版本			
		4.0	2.3	2.2	1.5
加速度传感器	加速度检测。可应用于手机晃动等操作	○	○	○	○
环境温度传感器	温度检测	○	×	×	×
重力传感器	重力检测。可应用于手机晃动等操作	○	○	×	×
陀螺仪传感器	角速度检测。可检测设备的旋转	○	○	×	×
照度传感器	检测环境亮度。可实现根据环境亮度的变化调整图像亮度等功能	○	○	○	○
线性加速度传感器	单一方向加速度的检测	○	○	×	×
磁场传感器	磁场检测	○	○	○	○
磁方位传感器	地磁检测。可应用于指南针	○	○	○	○
压力传感器	压力检测。气压、高度测量	○	○	×	×
接近传感器	检测物体的接近。可实现设备接近面部时画面锁止等功能	○	○	○	○
湿度传感器	湿度检测	○	×	×	×
旋转矢量传感器	检测旋转矢量	○	○	×	×
温度传感器	温度检测	○	○	○	○

图 2-14 安卓系统上实际搭载的传感器种类

(来源：作者参考 Wikipedia 信息后制表) ○表示装备。×表示未装备

检测是具有相当精度的。若将获取数据在云端进行统计处理，智能手机即成为无数的气象观测点。今后，若对超 10 亿台终端设备所获取的数据加以分析，天气预报的精度预计将得到提高。

气压传感器也可应用于车辆。在使用 GPS、陀螺仪进行高度测量时，若在高速公路上、下坡的同时进行转向操作的话，由于科氏力的作用，位置、高度的测量值将与实际值产生偏差。通过参考气压传感器所获取的信息，可实现不受车辆运动影响的高度值修正。

今后，需要至少在 API（应用程序编程接口）层面了解最新的 iPhone 或安卓操作系统将搭载何种新型传感器。这对于未

来车用 ICT 的设计而言，将是至关重要的。

通过智能手机传感器，甚至可掌握用户出行方式

通过对传感器信号进行有效处理，可掌握智能手机持有者采用何种交通方式。例如：是乘坐有轨电车，还是步行，抑或乘坐公共汽车等。

信号处理方式是对加速度传感器测量数据波动标准偏差进行计算。步行时，加速度将集中在某一正值上。乘坐有轨电车时，纵向、横向加速度将不存在很大偏差。由于电车转弯时，外侧轨道高于内侧，通过使车体内倾将加减速度的变化控制在了最小范围，由此其整体标准偏差很小。

与有轨电车相比，轿车或公共汽车会频繁进行较为激烈的加减速，垂直方向的位移也较大。通过标准偏差计算可明确识别上述特征。另一方面，由于轿车、公共汽车的加速度特征相似，因此无法通过加速度对轿车、公共汽车进行区分。然而，由于在轿车内电磁波通常会被屏蔽，通过电磁波计测量电磁波的强弱可以对轿车与公共汽车进行区分。以此为例，通过对各类感知信息进行处理，可掌握用户的出行方式。

2-4 "车载导航"将成为车载 ICT 终端的应用软件

如前所述,"车载导航"今后难以作为单独硬件继续存在,并将成为比"车载导航"功能更强的车载计算机或智能手机的应用之一。今后,车载 ICT 终端不仅将提供导航功能,还能够对驾驶环境及车辆运行状态进行识别、分析,同时进一步将车辆现状与三维驾驶辅助地图所获取的信息进行对比,并在两者存在差异时对信息进行差分更新。为了进一步实现自动驾驶,则必须在车辆上搭载替代人类小脑及大脑的计算装置。

任何应用程序均可使用

大多数互联网端的服务器搭载了英特尔公司 CPU。服务器上同样具备相当于 BIOS(Basic Input Output System,基本输入输出系统)的功能[13],并运行着类似 Windows 或 Linux 的操作系统。由此,通过在服务器端的应用程序与作为客户的个人计算机端的应用程序进行数据交换,可提供各类解决方案及服务。使用此类互联网解决方案,将不受终端网络、操作系统以及硬件差异的限制。当客户登录云端服务器,获取其提供的功能、信息时,将把 Web API 作为其具有代表性的流程、规则(图 2-15)。

例如,在云端服务器上存在名为 Maps API 的应用,该应用的服务器与云端与其他服务器相连,并与各类应用软件或服务进行互动。例如登录 Facebook,发送"这家餐厅味道不错"的留言,Facebook 友人看到后,产生"也想去尝尝,但怎么去呢"的想法时,点击该家已注册 Facebook 的餐厅,将跳转至该餐厅 Facebook 主页,通过主页内嵌微软地图就可以直接实现导航了。

[13] 也称为 Hardware Abstract Layer.

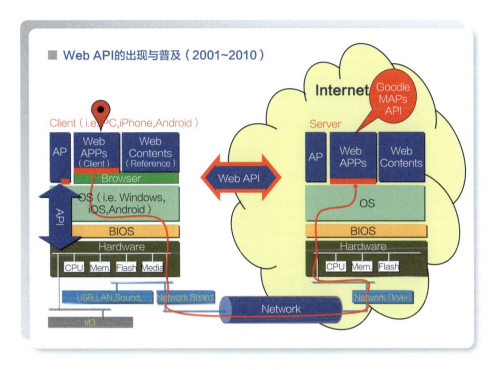

图2-15 云端与终端的关系

再例如"餐厅指南"应用。该应用的主页上内嵌了谷歌地图,因此可直接通过谷歌地图实现导航,而无须再将Facebook中的文本数据复制粘贴至微软地图或谷歌地图。此类尽可能化繁为简的互联网操作,将使用户更能感受到生活的乐趣。

由此,当用户在使用任何应用软件时,将不再意识到自己是在"使用谷歌地图",或在"登录Facebook"等,而能够在各类应用软件(即各类服务)间灵活切换。

当用户想使用某种服务时,在云端有多种解决方案可供选择。即便仅通过某一应用软件,也可在各个Web服务间任意跳转。由此,用户将无意识地始终通过使用某熟悉的应用软件,获得各类所需的服务。若将该应用软件在服务器上与各类Web服务相连,用户即可享受全新服务。反之,即使新服务提供方仅完成了Web服务的部分开发,若能将其与市面已有的第三方功能相组合，即可实现新业务的拓展及其在全球范围内的迅速推广。

面向汽车的服务也同样如此

在设计网联汽车应用软件时，同样需要基于上述理念。就服务器位于云端，客户端位于车内这点而言，网联汽车与智能手机是相同的（图2-16）。

在一般使用场景中，客户端通常为个人计算机或智能手机。而车辆中的信息终端则是高性能车载计算机、IVI（车载信息娱乐系统）、智能屏互联系统等[14]。

对于当前的智能手机、平板电脑、个人计算机、IVI等各类客户端而言，其在网络、硬件、BIOS、操作系统、中间件、应用软件等分层结构上均彼此类似。大体而言，均为由硬件、操作系统、应用软件构成的3层结构。

[14] 类似IoT终端，未配备高性能CPU及操作系统，仅具备联网环境的设备也不断增多。从应用软件角度看，此类设备与客户端服务器是类似的。

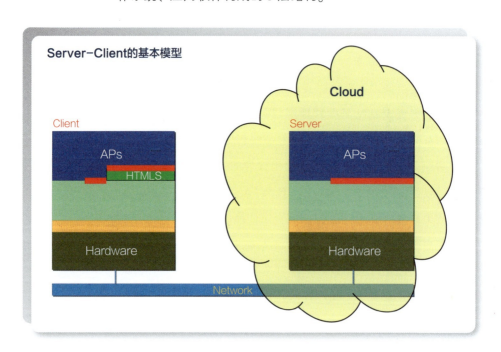

图2-16 通用的ICT结构同样在汽车领域获得应用

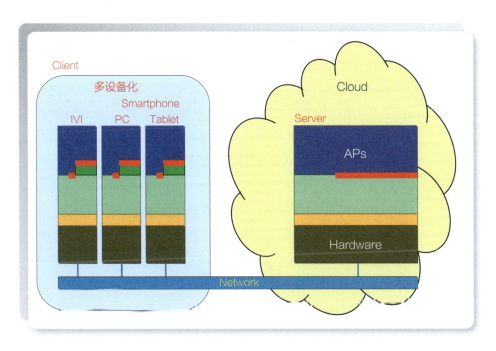

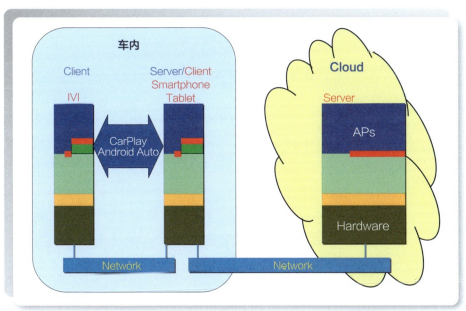

图 2-16　通用的 ICT 结构同样在汽车领域获得应用（续）

在使用客户端—服务器模式的车辆应用时,首先需要激活服务器-智能手机间的服务,随后智能手机端信息传递至车内信息终端。智能手机通常由驾驶人带入车内,并与外部网络保持连接。车辆行驶时,驾驶人不直接使用智能手机,而是将其作为服务器,并将所获取信息显示于智能屏互联系统或 IVI 等客户端。将作为服务器的 iPhone 或安卓手机与作为客户端的车载设备相连时,可使用苹果公司的 Car Play 或谷歌公司的 Android Auto 等系统。使用此类系统,汽车生产商将无须从零开始对车载信息终端专用应用软件及服务器端服务进行逐一开发。通过 iPhone 或安卓手机,服务器上的各类第三方业务,如互联网广播、SNS、PAYD(Pay As You Drive,按里程付费的保险定价机制)等可直接在车内得到使用。

对于当前尚未出现的全新服务,只要可用于智能手机,即使在已售车辆上也可实现直接应用。这对于公司自身新业务的开发也同样适用。仅需开发云端服务器应用,即可通过该模式在已售车辆上添加新的业务。

导航将以应用软件的形式续存

如前所述,此前的车载导航设备类似文字处理机,是软硬件的一体化集成。今后,"导航"将退化为车载 ICT 终端的应用软件之一。各类全新的应用及服务也将被导入车载 ICT 终端,并可实现升级(图 2 – 17)。

不对各模块进行界面分割,在一体式设备有限的软硬件资源中,尽量追求更高的性能是迄今为止的开发理念。而在当前,软硬件性能均已十分强大,当各国需要对应用软件、周边设备进行变更时,通过构造化、模块化设计并在各模块间定义接口,可避免变更导致的性能退化,并实现开发工期及开发成本的大幅削减。当然,将解决方案自身定义为应用软件,即追随"从文字处理器到计算机""从 PDA 到智能手机"的趋势,是至关重要的。即便是车载导航,也不应使用类似车载导航仪等专用

第2章 智能手机与汽车的关系

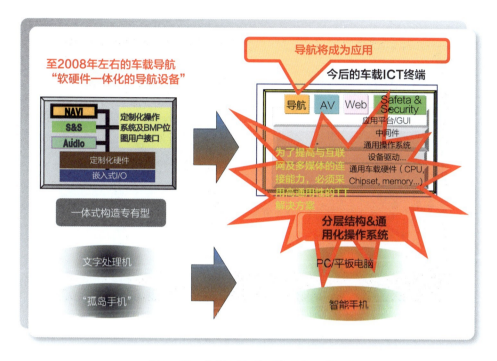

图 2-17 车用 ICT 终端今后的构造变化

硬件,而仅需在通用车载计算机上通过应用软件实现导航功能即可。这正是今后车辆 ICT 化的发展方向。

智能手机导航功能的发展史

苹果公司于 2007 年推出了 iPhone,当时并未搭载导航功能。在 2008 年 10 月投放市场的首款安卓手机 T-Mobile G1 上,虽然安装了谷歌地图,但仍不具备导航功能[15]。此后,苹果公司于 2009 年 1 月定义了下一代 iPhone 的 SDK(软件开发套件),并于 2009 年 6 月推出了可接收 3G 信号的 iPhone 3GS。与此同时,TomTom 公司以第三方应用的形式,向市场投放了基于 PND(便携式自导航系统)的导航应用(图 2-18)。直到 2010 年 1 月,谷歌公司发布的 Nexus One 及安卓 2.1 终于配备了真正意义上的安卓导航。以此为开端,基于智能手机的导航功能得到了迅速推广(图 2-19)。

[15] 即随着车辆的运动实时更新行车路线,并在车辆发生偏离时对路线进行重新计算并显示的功能。

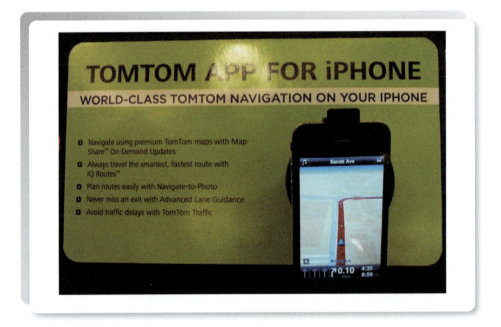

图 2-18　TomTom 公司的 iPhone 用车辆导航软件

（来源：http://techon.nikkeibp.co.jp/article/NEWS/20110110/188608/）

图 2-19　Google Android T-Mobile G1（2008 年 10 月）

（来源：http://itpro.nikkeibp.co.jp/article/NEWS/20081022/317545/）

当时，在地图上方存在绿色带状区域，用于显示诸如"当前位于 XX 街道""请向右转向"等附加文字信息。该提示信息当前仍存在，此即本书 1 –3 所述的 turn-by-turn 功能。当日本以外的用户在"阅读"地图进行路径导航时，二维地图是可有可无的。在车辆行驶时，驾驶人仅需关注当前所行驶道路，以及下一条道路的名称及到驶入该道路的转向方向。虽然通过二维地图上也可读取相关信息，但起主要作用的是绿色带状提示栏。在 2012 年推出的谷歌安卓地图上，也具有该提示栏（图 2 –20）。

导航上方的绿色带状提示栏会显示诸如"保持直行""当前沿 101 North 继续行驶，直行 25miles 后到达中央大街"等信息。通过该导航界面，还能进行地图查看、局部搜索、激活导航功能等各类便利的操作。车辆行驶时，高速公路出口提示在

图 2 – 20　谷歌公司的导航界面

（来源：日经电子，2010 年 1 月 11 日，p71）

该界面中也得到清晰显示，其在用户界面的设计上可谓用心良苦。

此外，谷歌地图还能提供准确的道路拥堵信息。由于安卓系统在全球获得广泛应用，全球各地，包括日本在内的拥堵信息得到了准确收集。2015 年，可事先下载地图数据实现离线导航的新版谷歌地图也得到发布。虽然通过欧洲某些国家的通信状况可以看出，智能手机端导航功能能否正确运行很大程度上依赖于通信环境。但随着离线导航功能的出现，即使在通信环境不佳的国家，也能够确保导航功能正确运行。

2-5 汽车 ICT 系统中的云终端化部分和非云终端化部分

通过将车辆 CAN 网络（Controller Area Network，控制器局域网络）中的数据在车载计算机或云端进行分析，可掌握车辆当前行驶状态。值得注意的是，在自动驾驶尚未实现的当前阶段，将车辆数据上传至云端不意味着 CAN 网络可以通过云端或车载计算机下载数据。虽然作为安全相关的重要信息，车辆信息通常需进行特殊处理，但在处理交通拥堵等一般信息时，通常可直接采用 HTML5 与互联网进行连接[16]（图 2-21）。

16 准确地说，为了获得高性能，也可安装直接与中间件、操作系统或硬件相连的应用程序（即所谓的"原生应用程序"）。

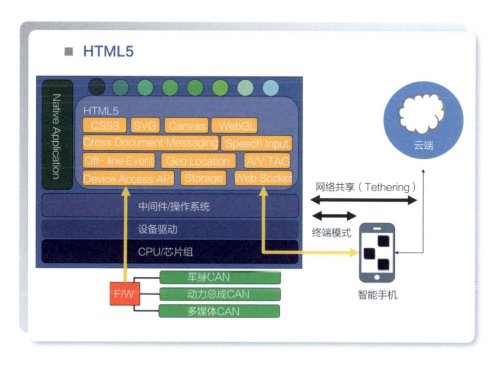

图 2-21　面向车辆的云终端化重要技术——HTML5

将车辆 CAN 信息传送至云端的进展

如本书 1-1 所述，ICT 领域中网络与硬件是彼此独立的。而将两者进行连接的代表性技术之一为 HTML5。W3C（World Wide Web Consortium，万维网联盟）规定，在车辆上配备 HTML5 设备访问 API 时，需将各车辆 CAN 网络取得的数据以 API 的形式提供给第三方 Web 服务。作为推进 Web 相关技术标准化的非盈利国际组织，W3C 于 2015 年完成 HTML5 提案，计划在广泛征询意见并进行必要认证的基础上，对 HTML5 进行正式定义。

基于上述的 API 标准化，可通过第三方 Web 服务提供方及应用程序开发方实现各类解决方案。在将读取到的车辆信息上传至云端加以运用的同时，也可将车载计算机中的诸如"驾驶人当前状态"等信息经车辆当场分析后直接使用，而不必上传服务器。当然，是否使用此类 API 可根据各汽车企业的判断自行决定。在通过应用程序进行数据交换时，必须对服务器安全相关的风险及其解决方案进行充分探讨。

此外，W3C 并非唯一的设备访问 API，随着 Android Auto 等应用的普及，基于安卓操作系统的 Android Auto 及谷歌公司其他各类 Web API 得到了广泛使用。谷歌公司制订的规则将很有可能成为业界约定俗成的标准。因此，必须在充分关注 W3C 的同时，对谷歌公司的开发动向加以留意，并在必要时积极参与相关讨论。

可轻易将数据传入 CAN 总线是危险的

通过将上述基于 HTML5 协议的设备访问 API 集成于 IVI（In-Vehicle Infotainment，车载信息娱乐系统）或智能屏互联系统，并与云端相连将能够提供各类服务（图 2-22）。

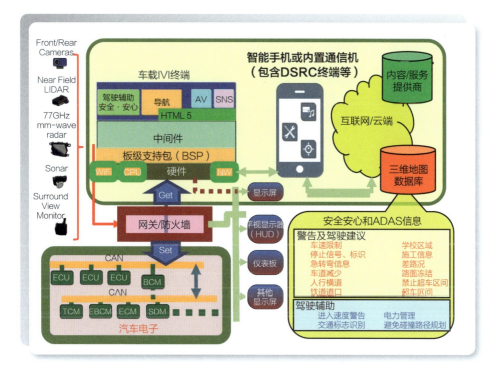

图 2-22 车辆相关的信息通信技术

无论使用 IVI 还是智能屏互联系统,均可获得相同的服务。必须在 IVI/智能屏互联系统与车辆内部电子系统间设置防火墙。此外,IVI/智能屏互联系统还需通过智能手机与云端连接。由此,可在云端对各车辆收集数据进行分析,并将分析得出的信息传递给周边车辆。

如图 2-22 所示,在自动驾驶实现前的常规驾驶状态下,虽然可以通过网关从汽车电子 CAN 网络获取(Get)信息,但基于安全考虑,需避免向 CAN 网络输入(Set)信息。

这就是说,虽然系统能够通过传感器将感知到的外界环境及车辆自身的危险状况作为"警告"告知驾驶人,但最终还需由驾驶人承担责任,通过自身进行安全确认、周边环境监视及加速、减速、转向等操作。

随着摄像头、雷达、LiDAR 装车率的逐步提高,可通过传感器融合技术实现更为精准的环境感知。将探测信息经车载计算机分析后,除了对驾驶人发出警告外,还能够实现在安全范围内对驾驶人操作进行修正的先进驾驶辅助功能。如图 2-22 所示,由于此时需要向 CAN 输入数据,因此在互联网网络安全上,网关必须具备极高的可靠性。从该角度看,似乎将车辆 ICT 中可作为云终端的部分在图 2-22 中的网关部分中实现更为妥当。或许基于上述考虑,将 2016 年至 2020 年的车用 ICT 构造定义为图 2-23 所示是较为恰当的。

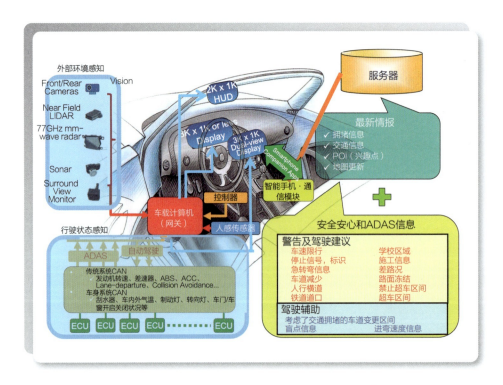

图 2-23　对 2016—2020 年车用 ICT 系统的预测

深入理解
ICT与网联汽车

第 3 章

网联汽车的发展

3-1 基于传感器网络的网联汽车是 IoT 的先驱

作为车辆 IoT 的先驱，网联汽车在理念上与 2004 年成为热门话题的 Web2.0 是相似的（图 3-1）。

通过无线通信，网联汽车可将车载导航、手机等通信设备的数据上传至服务器，实现与 Web2.0 类似的信息处理。所谓 Web2.0，是指收集大量用户数据并将其匿名化，通过服务器处理后生成综合信息的模式。同时，还可通过将 Web2.0 服务器与其他服务器或服务的相互合作，提供附加价值更高的信息。Web2.0 在理念上与 WebAPI 及后续出现的云技术一脉相承。虽然近来 Web2.0 已不大被提及，但并不代表其理念已过时。相反，由于 Web2.0 的理念已普遍渗透至各领域，因此无须特意提及。

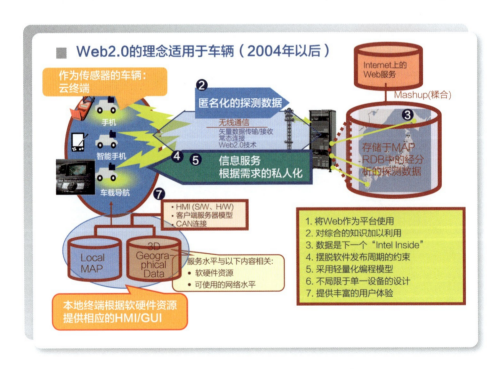

图 3-1 网联汽车与大数据的基本理念

遵循 Web2.0 原则

硅谷精英 Tim O'Reilly 对 Web2.0 大力推荐。按照他的说法，Web2.0 具备以下 7 个原则[1]。

[1] www.oreilly.com/pub/a/web2/archive/what-is-web-20.html

1. 将 Web 作为平台使用。
2. 对各类知识加以综合利用。
3. 数据是下一个"Intel Inside"（即数据的作用将变得最为重要）。
4. 摆脱软件发布周期的约束。
5. 采用轻量化编程模型。
6. 设计上不局限于单一设备。
7. 提供丰富的用户体验。

第 2 点可解释为"大家都这样说，那就是正确的"。综合收集各种不同来源的知识，并将其转变为新信息。此即"集群"的概念，也称为"crowd sourced media"或"crowd sourced information"。

第 4 点对互联网上软件发布（商用化）的典型方式进行了说明。由于之前几乎所有商品在推出后都将立即售罄，因此商品的软件必须是正式版，在完善后才能发布。而在 Web2.0，即使是 beta 测试版也能发布，软件可在使用的同时得到进一步改善。通过上传第二版、第三版，软件将被不断优化。然而，软件版本的发布将不会停止，并不存在所谓的最终版，仅需通过网络不断更新至最新版即可。

第 5 点指出，即使采用类似 Java 脚本等易于编写的程序，也可通过对各类服务的组合，方便地实现新服务的构建。

第 6 点是关于硬件多设备化的话题，这意味着服务将脱离终端的束缚。无论何种终端，均可在需要时向使用者提供所需信息。根据"云技术改变产业结构"中的说明，该模式已普遍实现。

第 7 点是关于终端功能可根据不同选择呈现不同界面的说明。高价终端可提供信息全面的三维彩色显示，低价终端则只显示文本等满足最低要求的必要数据。其目的是，不受终端限制，将不同的用户体验提供给需求各不相同的广大用户群。

出租车数据采集实验

随着互联网的发展，收集众多的车辆终端数据，将数据在云端分析后得到的综合信息反馈至用户。该模式得到了普遍应用。从大约 2004 年起，各类基于出租车数据的实验得到了开展，对其数据的处理利用如图 3-2 所示。

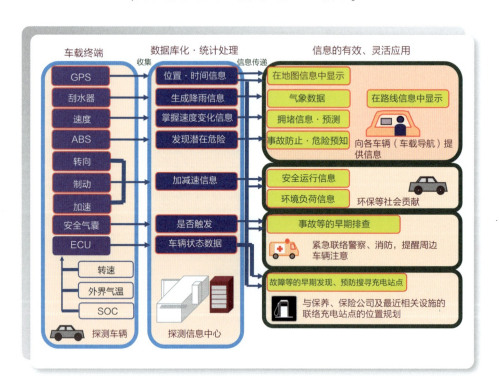

图 3-2 将汽车作为传感器的大数据应用可能性

（来源：在日本科学未来馆策划展

"65 亿人的生存——与前端科学共存"（2006 年）基础上补充注释）

如图3-2所示，通过GPS的位置信息可掌握道路拥堵情况；通过刮水器动作能够获得降雨量信息；车辆位置信息经微分运算后可得到车速，同时这也是掌握道路拥堵情况的另一种方法；可将车辆位置信息在地图中显示；通过ABS激活情况可计算车辆滑移量，因此可将其用于事故预防及危险预警；通过了解驾驶人对转向盘及制动的操作可获取安全驾驶相关信息；通过对安全气囊膨开情况的了解可实现交通事故的早期发现；通过ECU和CAN数据可掌握车辆运行状态。此外，对于电动车而言，对电池SOC（充电率）的监控同样十分重要。

上述资料曾在日本科学未来馆策划展"65亿人的生存——与前端科学共存"[2]上进行了展示。早在2006年就已总结得如此详尽，可见即使在全球范围内，日本在车辆ICT领域的领先地位也是毋庸置疑的。

[2] 最近已更名为"70亿人的生存"。

3-2 三维地图信息数据库的重要性

根据信息类型及信息处理区域的不同，可将 ADAS（先进驾驶辅助系统）的应用大致分为云端三维地图数据库、车载 ICT 信息处理、ECU 深度应用、动态统计处理及预测四大类（图 3-3）。

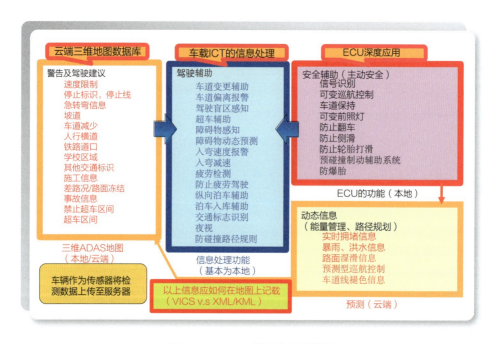

图 3-3　ADAS 的四大应用领域

Here 的三维地图制作

一家名为 Navteq 的企业（当前已更名为 Here）曾于 2012 年在 YouTube 上公开展示了其"Navteq True"三维地图制作的过程[3]：通过在普通车辆上装载美国 Velodyne 公司的 LiDAR，在车辆行驶时对周边环境进行激光扫描。

3　www.youtube.com/watch? v = HJAk3gnfQDo

通过接收激光反射，车辆在行驶的同时可获得周边物体的空间位置。由于该数据以车辆自身所在位置为基准点，因此需要通过测量车辆自身位置，将测量信息由以车辆为基准的相对值转换为以大地为基准的绝对值。

在 2014 年度 ITS World Congress 上，装载了 HDL-32e 型号 LiDAR（此前 YouTube 视频中为 HDL-64e）的激光测量车首次公开亮相。

通过同时使用 LiDAR 与摄像头，可将通过点群生成的物体三维纹理与摄像头拍摄图像相融合。虽然颜色对确定物体空间位置并无帮助，但图像的加入使得可与人眼实际所见真实画面相匹敌的三维场景得以实现。

2015 年 8 月，德国奥迪、宝马、戴姆勒公司联合宣布从芬兰诺基亚公司收购了 Here 公司。此前，全球车载导航地图市场始终被 Here、TomTom 两家公司垄断。收购后，该领域的两强之一已被归入德国汽车联盟旗下。

运动物体与静止物体的分离

在进行三维地图识别时，需要对点群中的特殊点进行过滤（图 3-4）。

首先，将 LiDAR 或摄像头取得的窗框四角等静止物体边界位置作为特征点进行提取。随后计算出各特征点的空间信息（三维坐标）并将其数据库化。虽然随着车辆运动，空间中各特征点所构成的图形在外观上会发生变形，但不会发生几何相位上的顺序变换。也就是说，以三维坐标形式获取的静止物体特征点，其几何相位是不变的。

虽然在车辆运动过程中，摄像头摄取画面上的所有物体均在运动。然而，从运动物体提取出的特征点会出现几何相位顺序变换，由此可实现对运动物体与静止物体的区分。此外，通过与前帧图像进行差分对比，还可进一步实现运动物体的提取。

图3-4 地图的概念从根本上发生改变

也就是说,静止物体其几何位相不变,而运动物体则存在平行移动。此类信息的提取相对易于实现。当自行车、助动车、行人等运动物体在静止物体间穿行时,可捕捉各物体的三维点群,并通过点群进行识别。例如,脚在两个车轮间运动时,可识别为自行车;两个车轮间无运动物体的话,则可识别为助动车。

3-3　DSRC 技术能否得到应用

最近出现了在车车间（V2V，Vehicle-to-Vehicle）及车路间通信领域使用 DSRC（专用短程通信技术）的倾向。使用 DSRC 时，需注意各国 DSRC 标准存在很大的差异（图 3-5）。

- 使用DSRC（Dedicated Short Range Communication,专用短程通信技术）进行车车间/车路间/车人间通信成为热点话题。
  - DSRC 在全球范围内存在多种制式
    - 欧美计划在MAC层、物理层以802.11p为基础实现通用化，通过软件层扩展实现通过WiFi、DSRC二者均可收发信息。用户使用便利性预计将由此得到提高。
    - 日本国内DSRC与欧美DSRC的物理层完全不同。以此为背景，若将DSRC用于自动驾驶V2X，则需在全球范围内开发、制造并评价多个系统。为了在各国实现相同性能，需要从零开始进行部件更换、功能评价及道路测试，这将耗费庞大的开发费，并可能对自动驾驶汽车的全球化开发推进产生巨大负担。
- 另一方面，预计V2V将在LTE Release 14中得到定义，该定义对于今后自动驾驶的实现可能具有非常重要的意义
  - 充分利用日本在车载信息服务及ITS领域的领先经验，参与并主导标准的制订。这对于今后日本汽车产业竞争力的充分发挥具有非常重要的意义。
- 通过计算机进行自动驾驶时，若在不同国家、地区间存在地图定义、车车间/车路间/车人间通信方式、车辆与数据中心通信方式等差异，可能导致车辆自动驾驶无法实现。由此，实现全球通用化是十分重要的。
  - 传统汽车作为单体，通过驾驶人操作加速踏板、制动踏板、转向盘实现车辆的行驶、停止、转向。因此，即使采用单一规格仍可出口到世界任何地区。

图 3-5　DSRC 和地图的国际通用化课题

虽然美国、欧洲的标准曾经存在差异，但目前欧美正在共同推进标准的统一。DSRC 的定义以 802.11p（由 WiFi 延伸出的无线 LAN 标准）为基础。因此在理想情况下，软件更新后信息的收发通过 WiFi 或 DSRC 均可实现。DSRC 的市场规模预计将由此扩大[4]。

而日本的 DSRC 物理层定义则与欧美完全不同，因此在硬

[4] 高通开发了基于 WiFi IEEE 802.11p 标准的 5.9GHz 带宽 V2V 芯片，并开展了现场测试。可在智能手机上使用的车人间通信实验也得到同步进行。

件上也存在很大差异。这意味着，必须针对日本市场进行部件更换。因此，例如将德系车出口至日本时，需对换装后的日本DSRC装置能否实现欧美同水平的通信进行重新评价。同理，日本汽车企业在海外出口业务上也将面临相同的问题。

对于传统汽车的出口而言，仅需在一定程度上考虑人为因素差异即可。然而，自动驾驶汽车则需要对照三维地图识别外部环境，并在必要时进行通信。因此，各国间通信标准的差异将成为严重问题。此外，由于各国间雷达频率分配存在差异，这同样是需要探讨的重要课题。

地图及通信的国际通用性

暂不考虑网联汽车，仅就自动驾驶汽车而言，若不具备国际通用性，欧美生产的车辆将无法在日本行驶。日本产车辆即使可在日本行驶，但在海外就未必了。同时开发海外版、日本版两种车型是可能的解决方案，但由此将造成开发成本大幅提高，产品竞争力下降的严重后果。

3-4 4G/5G 将如何发展

除 DSRC 外，如何通过 LTE 的使用实现 V2V 通信也应得到探讨。新功能的添加可通过发布新版本 LTE 实现。从版本 8、9 的 LTE 到版本 10、11、12 的 LTE Advanced，随着版本持续更新，预计在版本 14 中将加入 V2V 定义。据悉，V2V 规格参数初版将于 2015 年确定。为了将车辆 IoT 领域积累的丰富经验输入其中，日本车企应积极参与相关讨论。通过在 ITS（Intelligent Transport Systems，智能交通系统）领域的经验积累，日本得出了不少车辆应如何通信的见解，这需要得到全球范围内的认可。若不积极参与 LTE 相关讨论，不积极推进国际通用化，在网联汽车及自动驾驶时代，日本生产的车辆可能重蹈"孤岛手机"的覆辙，成为"孤岛汽车"。

LTE 版本 14 将于 2018 年实现商业化应用，据说该版本将实现向 5G 的过渡（图 3-6）。

图 3-6 4G 的动向及 LTE

（来源：日经电子，2015 年 5 月，p61）

图 3 –7 对 LTE 与 LTE Advanced 进行了比较。版本 8、9 为 LTE，版本 10 以上则被称为 LTE Advanced。

■ LTE和LTE Advanced的比较

	LTE	LTE-Advanced
3GPP标准化	版本8、9	版本10及以上
理论最大速度	300Mbit/s	3Gbit/s*
频率利用效率	HSPA3倍	HSPA4倍
可使用宽带范围	1.4M~20MHz带宽	最大100MHz带宽*
MIMO	下行最大4×4	下行最大8×8，上行最大4×4

* 至Release12的上限值

MIMO多重发送 宽带范围及峰值速度

带宽范围 \ MIMO构架	2×2 MIMO	4×4 MIMO	8×8 MIMO
20MHz	150Mbit/s	300Mbit/s	600Mbit/s
30MHz	225Mbit/s	450Mbit/s	900Mbit/s
40MHz	300Mbit/s	600Mbit/s	1.2Gbit/s
60MHz	450Mbit/s	900Mbit/s	1.8Gbit/s
80MHz	600Mbit/s	1.2Gbit/s	2.4Gbit/s
100MHz	750Mbit/s	1.5Gbit/s	3Gbit/s

MIMO:Multiple Input Multiple Output

■ LTE终端等级与速度、Release的关系

等级	Cat-1	Cat-2	Cat-3	Cat-4	Cat-5	Cat-6	Cat-7	Cat-8	Cat-9	Cat-10	Cat-11	Cat-12
峰值速度(下行)	10Mbit/s	50Mbit/s	100Mbit/s	150Mbit/s	300Mbit/s	300Mbit/s	300Mbit/s	3Gbit/s	450Mbit/s	450Mbit/s	600Mbit/s	600Mbit/s
峰值速度(上行)	5Mbit/s	25Mbit/s	50Mbit/s	50Mbit/s	75Mbit/s	50Mbit/s	100Mbit/s	1.5Gbit/s	50Mbit/s	100Mbit/s	50Mbit/s	100Mbit/s
带宽范围（最大）	20MHz	20MHz	20MHz	20MHz	20MHz	40MHz	40MHz	100MHz	60MHz	60MHz	60MHz	60MHz
调制方式（下行）	64QAM	64QAM	64QAM	64QAM	64QAM	64QAM	64QAM	64QAM	64QAM	64QAM	256QAM	256QAM
调制（上行）	16QAM	16QAM	16QAM	16QAM	64QAM	16QAM	16QAM	64QAM	16QAM	16QAM	16QAM	16QAM
最大MIMO构架（下行）	1	2	2	2	4	2或4	2或4	8	2或4	2或4	2或4	2或4
最大MIMO构架（上行）	—	—	—	—	—	—	2	4	—	2	—	2
标准	—	3GPP Rel.8/9				3GPP Rel.10			3GPP Rel.12			

来源：基于3GPP TS 36.306 V12.50(2015-06)并汇总，除上述外，对上行、下行的等级进行了分别定义 DL Cat 0~16.UL Cat-0,3,5,7,8,13的规格被标准化

QAM:Quadrature Amplitude Modulation

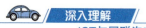

图 3 –7　4G 的动向

（来源：日经通讯，“5G 知识大全”）

在发送端存在版本差异，在接收端则存在等级区分。通过对不同规格的发送、接收端相互组合，可定义各类数据通信速度。LTE 与 LTE Advanced 并非在世界各国均得到了同步推进（图 3 –8）。采用或不采用某 LTE 标准的国家均有存在。虽然日本仍在讨论 LTE Advanced 的实际应用方案，但日本仍走在了前列，其他各国与日本均存在数年的差距。在车辆应用领域，如果相关通信技术在国外尚未普及，则车辆出口后基于该通信技术的相关功能将无法得到使用。因此，最尖端的通信技术应以何种形式应用于车辆，这需要慎重考虑。

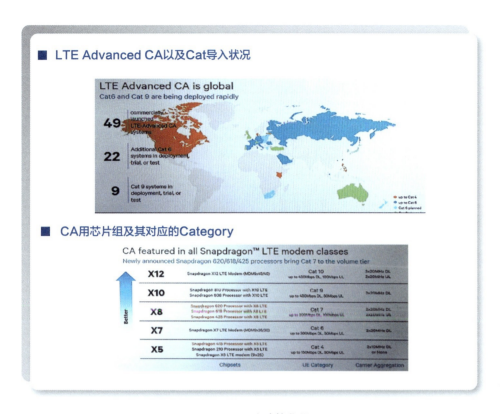

图3-8 终端的分类

(来源:MWC2015 高通展台,图片由作者拍摄)

基于上述原因,有观点指出在当前阶段应继续使用3G而暂不必考虑LTE。也有人认为可将各功能在不同国家/地区区别使用。例如,自动驾驶系统将最先在日本、美国、欧洲及中国市场推出,而不会在全球范围内上市。总而言之,基于该市场当前通信环境进行车辆配置即可。若通信环境得到升级,可针对该市场发布具备自动驾驶功能的新版本。自动驾驶功能将由此在全球范围内逐渐铺开。如果仅仅是 S&S 之类的服务,只要通信服务信号不中断,使用2G或3G即可胜任,因此当前就能开展全球推广。

免许可的非授权频段 LTE(LTE Unlicensed)

非授权频段 LTE 是 LTE 版本 13 的功能亮点之一(图3-9)。

> **LTE-Unlicensed**
- 通过载波聚合，对未授权5GHz频段进行灵活应用的技术被称为LTE-U（LTE-Unlicensed，也称为License Assisted Access）。
- 与常规LTE不同，LTE-U可在不需要授权的情况下以LTE方式对可用频段加以利用。通过与既有的LTE频段进行载波聚合，实现高速化。
- 高通公司的现场测试证实，即使采用与当前WiFi相同的制式，LTE-U也几乎不会对WiFi通信造成干扰。

> **Device to Device(自版本12起得到持续探讨)**
- 是面向M2M（机对机）的MTC(Machine Type Communication,机器类通信)的升级。
- 面向MTC的功能扩展自版本10起得到持续推进。
- 在版本10中加入了在大量M2M设备连接情况下的网络干线堵塞预防功能。
- 在版本11中加入了无线通信端的堵塞预防功能。
- 此外，对成本可与GSM机匹敌的终端类型也展开了探讨。
- 也有观点认为，M2M功能扩展的实现还有待5G网络的出现。

图3-9 在版本13中加入了非授权频段 LTE 及 Device to Device

该功能使用未授权的（Unlicensed）5GHz 频段，通过与常规 LTE 进行载波聚合（Carrier Aggregation），从而实现高速通信。

对外广播"我在这里"

此外还存在被称为 LTE Direct 的技术。在对常规 LTE 通信频段几乎不造成负担的周边500m 范围内，通过 LTE Direct 对外广播"此处存在某某属性的终端设备"。通过该技术将实现精确针对个人用户的新形式广告投放，这正是 LTE Direct 的基本构想。

LTE Direct 也可能成为汽车通信领域的重要功能，即以"一对多"的形式，向外界广播自身所处位置。基于该功能，车辆将能够通过行人所持 LTE 设备掌握路口等区域的行人位置信息。此外，该功能在两车迎面碰撞事故的预防上，也将发挥关键作用。

通过利用智能手机等终端设备的常态开启状态，LTE Direct

能够对 500m 内的数千个[5]设备进行识别，并能够以 Device to Device（设备对设备）的方式展开探测。这比此前的 WiFi Direct 更具优势（图 3-10）。

[5] 在 MWC 的说明中为 2000 个左右。

由于行人通常会携带手机等通信设备，因此车辆可采用 LTE Direct 技术实现行人探测。LTE Direct 能检测到的设备数量约为

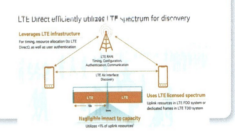

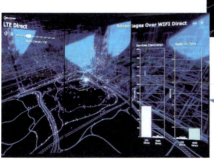

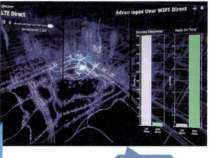

图 3-10　LTE Direct 与 WiFi Direct 的比较

（来源：MWC 2015 高通展台，图片由作者拍摄）

2000个，WiFi Direct 则为 700 个，数量越多则探测效率越高。此外，LTE Direct 的探测耗时短于 WiFi。有观点认为，更短的探测时间有利于迅速掌握人车状况，从而更有效地避免迎面碰撞事故。

图 3-11 展示了 5G 的技术特性。5G 追求宽频段、设备多样性以及关键性任务，因此适用于 IoT 领域的 M2M（Machine-to-Machine，机对机）通信。

- **以支持宽频段、设备多样性、关键性任务的M2M为目标**
  - 宽频段
    - ✓ 最大比特率：10Gbit/s以上、常态100Mbit/s以上
    - ✓ 流量：10000倍
  - 设备多样性
    - ✓ 设备数：10~100倍
    - ✓ 超低价格 低电力耗费的M2M
  - 关键性任务
    - ✓ 可信赖度极高
    - ✓ 网络延迟：1ms以内

图 3-11　5G 的技术特征

LTE Advanced 将网络延迟（latency）控制在 10ms 左右，而 5G 则将其进一步缩短至 1ms。由于物体识别时的反应时间为网络延迟时间与服务器用于识别的时间之和，若能将通信时间缩短至 1ms 以内。在这么短的通信延迟下，在云端进行图像识别的实时性将与本地处理不再有差异。传感器与云的关系将成为人体神经网络与大脑之间的关系。

5G 同样考虑了设备的多样性。适用于 M2M 解决方案的廉价、低能耗芯片也得到了开发。由于 5G 可适用于 M2M 和 IoT，因此设备数量比 LTE 更多。如图 3-12 所示，5G 的适用领域十分广泛。

然而，即使通过 M2M、IoT 实现了可穿戴设备、智能汽车、智能家居等各领域的通信，仍需考虑网络安全问题。因此，为了获得更高的网络安全（图 3-13），需进行进一步的研究开发。

➢ 以Industrie 4.0、High Performance Infrastructure、Real world mobility、Virtual mobility分类的示例@MWC2015

图 3-12　5G 的适用领域

（来源：图片由作者拍摄）

➢ Nokia在MWC2015上指出，随着5G推广后IoT、Wearable、SmartHome/TVs、Smart Cars、WLAN Hotspot、Cloud、Social Media等的扩大应用，Trojans、DDos攻击、Targeted Attacks等网络安全威胁将更加严重

图 3-13　网络安全上的课题

（来源：图片由作者拍摄）

3-5 使用内置式设备？还是直接使用智能手机？

当前，智能手机的性能已日趋完善。即使是之前在车载导航仪等高性能装备上才能获得的功能，当前在智能手机上已能够轻松实现。事实上，在2~3年前，手机及车载导航仪的CPU/GPU已十分类似了。曾有观点认为"无须使用车载设备，将智能手机或平板计算机置于车内即可"，并在当时引发了争论。

对此，有人持反对观点，认为"车载导航固定在仪表板上不会跌落，此外，由于配备了天线，因此车载导航性能更佳"。然而，虽然智能手机的导航功能较弱，但便携性好，并能实时下载最新信息。作为云终端设备，智能手机还能够提供各类其他应用服务。此外，智能手机的价格也更为低廉（图3-14）。

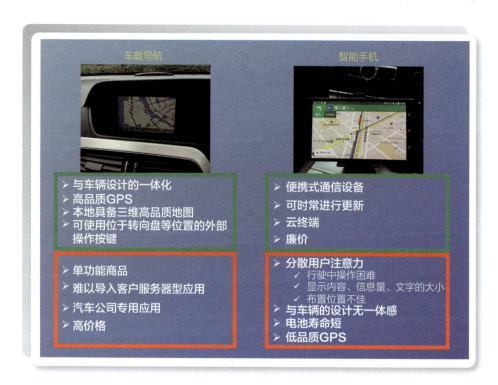

图3-14　车载导航与智能手机的对比，其各自的优劣点

为了解决上述争论，可通过 CarPlay 或 Android Auto，将智能手机显示内容投射至车载简易导航或智能屏互联系统。

日本与其他国家在车载通信的发展上殊途同归

车载通信应如何实现是另一个颇具争议的话题。是直接使用带入车内的智能手机，还是需要在车内安装具有电话功能的内置装备？探讨结果如图 3-15 所示。图中，纵轴为网联汽车所实现功能的清单。在日本，清单中所列功能是以从上到下为顺序先后实现的。即首先实现导航功能，随后道路拥堵信息、多媒体通信、互联网接入、远程信息处理等功能相继实现。

而在日本以外的国家，车载通信功能则是从清单下方的 S&S 起步，逐步向上发展。随着软硬件水平的提高，导航等位于清单上方的功能也作为扩展服务得以实现。虽然发展顺序不同，但随着各自的发展，两者均实现了功能清单的全覆盖，可谓殊途同归。

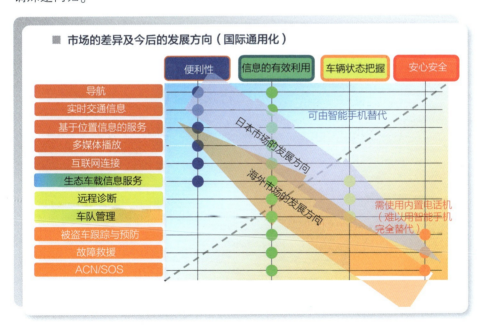

图 3-15 内置式？还是便携式？

位于图中对角线虚线左上方的功能可通过智能手机实现。此类信息仅在车辆行驶时使用,并需要具备较快的通信速度。位于虚线右下方的功能以被盗车辆跟踪为代表,此类功能需要在无驾驶人时实现,因此必须使用内置设备。

然而,预计到 2035 年—2045 年,通信功能将通过软件实现更新。车辆自动驾驶中,也将基于通信对相关信息及地图进行更新。由于下载几乎可瞬时完成,自动驾驶将始终基于最新的信息。此外,随着自动驾驶技术的成熟,对通信连接可靠性的确保将变得不可或缺。因此,到 2035 年—2045 年,可预计几乎所有的通信设备都将采用内置式。

让我们再看一下 2016 年—2020 年的近况。当前的趋势是通过 CarPlay、Android Auto 等系统,将智能手机与可视性更佳的内置式显示器及其操作装置相连接。此类三层结构(图 3-16,已在本书 2-4 中得到探讨)在近期将得到越来越广泛的应用。

图 3-16　通过智能手机实现云端与车载设备的连接

若将智能手机画面原封不动地投映到车载屏幕上,这并没有技术含量,也是不可取的。与手机相比,车载信息应与车辆行驶状态更紧密地结合。为了在必要时不分散驾驶人注意力,必须仅将必要信息显示在车载屏幕上(图3-17)。

对此,需要应用所谓的情境感知型(context aware)服务,即将相关信息提前告知用户。例如,通过车载 ICT 对内置摄像头拍摄图像的分析,判断驾驶人状态并在必要的时间/场合进行必要的信息提示。在日常使用环境中,即使智能手机在某种程度上提供了过量信息,也不会有致命影响。但在车辆行驶过程中,为了不分散驾驶人注意力,必须是必要信息才能够得到显示。此外,若驾驶人受到过分指责,可能会产生抵触情绪并将

图 3-17　ICT 将使车辆更为安全、安心

(来源:日经电子,2008 年 4 月 7 日,p73-74)

提示功能关闭。对此，应如何建立对系统的信赖感，这将成为后续人机工程学研究的重要课题。

仅在出现危险时进行提醒

此类功能已获得实际应用。在德国戴姆勒公司的开发成果中，禁止驶入、限速等交通标志得到了识别/判断，并能够在必要时将所识别标志显示于仪表板。

以车辆朝着禁止驶入区域行驶为例。导航系统可识别该区域为单行道。车辆朝着该区域行驶可通过 ECU 等其他传感器得到证实。当系统确认后，将在仪表板最显眼的区域显示禁止驶入标识。再以超速行驶为例，若在限速 80km/h 的区间以高于该速度行驶，仪表板上将显示"80km/h"的信息提醒。该开发成果的价值在于：若车辆行驶时未出现逆行或超速情况，系统将不提醒。而此类判断的实现在技术上是异常困难的。如上所述，仅在必要时刻/场合给出必要信息提示，虽然实现难度大，但却是至关重要的。

与地图数据的互动是实现上述要求的可能技术方向之一。对此，需要地图企业针对数据互动提供简易的软件开发工具包（SDK）。

3-6　关于数据量及网络负荷的思考

车辆可通过手机网络进行信息通信。有观点认为，车辆进行信息通信将增大通信流量及频段负荷，对手机网络造成不利影响。此外，还存在用户的手机通信费将随着通信负荷的增加而提高的担忧。然而事实并非如此，即使今后实现了自动驾驶也不必担心。对车辆必要通信载体及其数据特性分析如下（图 3-18）。

从图 3-18 中，横轴表示数据更新所需的时间间隔，纵轴表示数据量的大小。例如，地图的整体数据更新无须每天进行，更不用说每秒了，最多仅需每年一次。局部地图数据

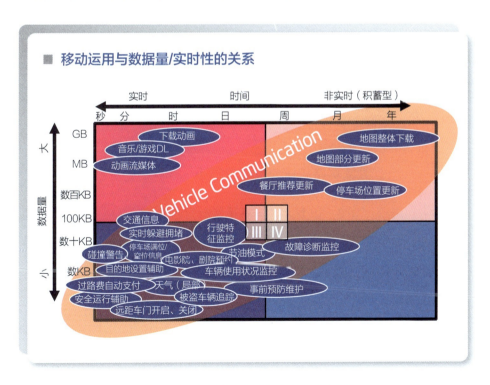

图 3-18　车辆的必要通信带宽及数据特性

更新则每月一次即可。对于道路拥堵信息，则仅需下载可能行驶区域的数据。虽然对避开拥堵路线规划的实时性要求较高，但由于其计算实际上是在服务器端进行的，仅需下载计算结果，因此对数据量的要求并不大。图中，绝大多数的车用服务位于左下（Ⅲ）至右上（Ⅱ）区域的对角线附近。可见车辆数据存在数据量越大，其所需的更新频率越低的倾向。真正需要大量占用网络频段的仅有位于左上（Ⅰ）区域的视频相关服务。

1张A4纸可搭载的文本信息量约1KB左右，人需要3~4min读完。在相同时间段内，可识别并理解约100KB的静止图像，播放10MB左右的高分辨率视频，这更是高达文本信息量的1万倍左右。可见，由于在多数情况下的车辆数据为文本信息，与网络视频信息相比，其数据量非常小。

在所有应用中，视频对网络造成的负荷最大。视频在互联网所有数据量中的占比达到了四成，时间占比更高达六成。视频所需的数据量动辄就以GB为单位，1~3GB的视频下载需耗时1h左右。流媒体数据将推迟15s左右后开始传送，并始终占用通信频段。

需频繁更新数据的数据量很小

图3-19展示了车辆通信所需的数据，其中大多数为数值类数据，仅以文本格式即可进行处理。频繁通信所需的数据量很小，因此对通信造成的负荷并不大。

此外，车辆与互联网的负荷高峰是彼此错开的。互联网的负荷高峰时段为23点至1点左右，该时段内车辆的使用率较低。车辆的使用高峰为周末白天及工作日早晚，由于在美国开车上下班十分普遍，因此工作日早晚会出现用车的大高峰。在车辆行驶中，可能需要进行数据更新，由此在该时段也将出现

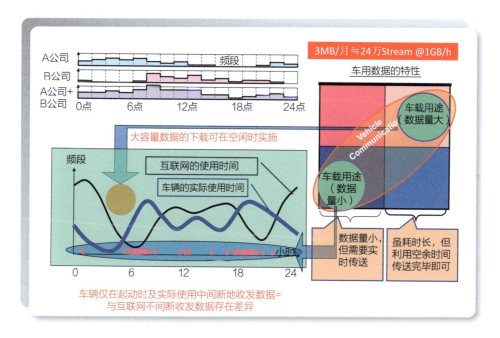

图 3-19 对车辆通信的考察

车辆通信的高峰。由于车辆与互联网的使用高峰时段彼此错开,因此可以分时段与互联网共用设备,从整体看并不会产生过大的负荷。随着今后手机通信设施的进一步完善,车辆通信所造成的网络负担将更不足为虑。

3-7 通信技术用于车辆所面临的问题

由于手机通信技术的更新换代为 10 年左右，而汽车的平均生命周期为 13 年（2011 年数据，预计此后还将延长），因此将手机的通信模块内置于车辆时将产生如下问题：当车辆还在使用时通信技术已更新换代，因此车辆的原有内置通信设备将很可能无法继续提供服务。如果是高档车型，可将通信模块的更新替换作为潜在方案，但对于普通量产车来说，如何为大量用户进行更换将成为问题（图 3-20、图 3-21）。

此外，由于车辆的开发周期（从概念定型至上市）通常为 3 年，若车辆的上市销售时间同样为 3 年，对于该车型的最后一批客户而言，其购买的已是临近更新换代的产品了。另一种情况是，客户在购入二手车时，其通信服务已经无法使用。客户由此将认为车里装备了无用的设备，并产生严重抱怨。

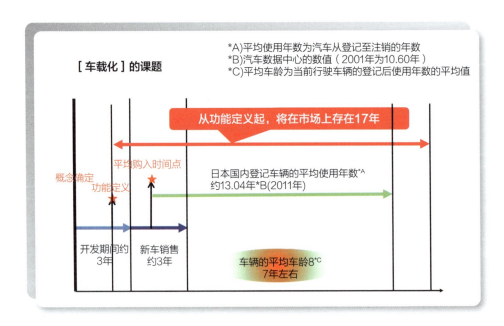

图 3-20　"车载化"的课题（其一）

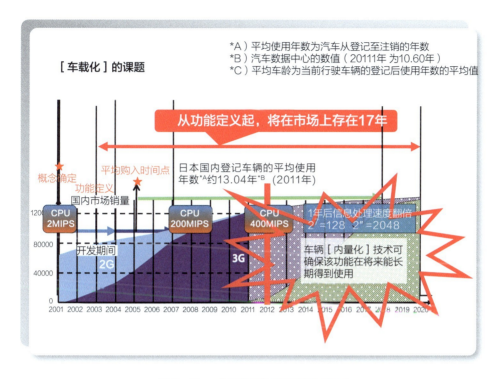

图3-21 "车载化"的课题(其二)

在当前通信领域,类似LTE版本更新的通信技术迭代速度非常快。由此,客户或许会感到车辆内置设备比自己平时使用的手机要落后。对与S&S(Safety and Security)相关设备而言,即使通信频段很窄,客户也不会产生抱怨。从S&S本身用途而言,将相关设备内置并确保其坚固可靠是必需的。但在以信息通信为目的的IVI(In-Vehicle Infortainment)、车载视频/音频播放等方面,则需对设备的可更新性展开慎重探讨。

今后,在进行先进驾驶辅助及自动驾驶等功能的通信系统设计时,应充分考虑数据量大小、通信频度、通信延迟等各因素的影响,从使用目的及系统设计两方面,对其进行充分的探讨定义。

深入理解
ICT与网联汽车

第 4 章

云、大数据、IoT
带来的产业
结构变化

4-1 汽车产业与微笑曲线、逆微笑曲线的关系

接下来，我们将探讨由云、大数据、IoT 所带来的产业结构变化。此前，台湾宏碁集团会长施振荣先生最先于 1992 年提出了著名的"微笑曲线理论"（图 4-1）。

微笑曲线以从产品生产至上市销售的时间段为横轴，以产品附加价值为纵轴。在 ICT 产业中，曲线左侧的基础研发及右侧的市场营销及服务具有高附加价值，而位于曲线中部制造环节（Manufacture & Integrate，图 4-1 中的设备制造）的附加价值则很低。

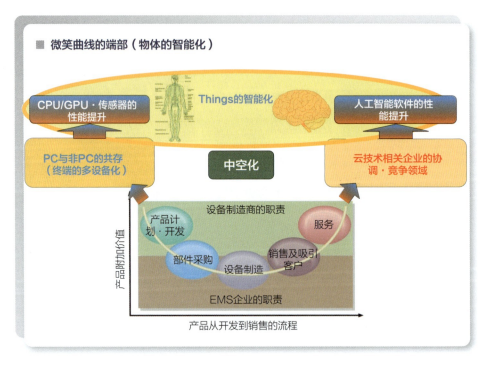

图 4-1 在微笑曲线的端部，存在物体的智能化

（来源：日经电子，2000 年 11 月 6 日，作者在 p150 图的基础上补充诠释）

汽车的生产中心在中国

2009 年，美国汽车产业受雷曼事件影响迅速下滑，而中国汽车产业却得到进一步发展并超过欧洲各国之和。如分开统计，欧洲各国汽车产量均少于日本。到 2020 年，中国的汽车产量预计将达到约 3500 万辆，美国约 1700 万辆，日本则为 400 万辆左右[1]（图 4-2）。

由于中国这一巨大市场带来的量产效应，制造出品质优良的部件是理所当然的。因此，若汽车企业处于微笑曲线中部，则将面临失败。如图 4-1 所示，若向曲线右端移动，将围绕云端应用及软件功能扩展与其他企业展开竞争；若向左端移动，则将进入终端设备多样化的竞争。在曲线左侧，传感器、CPU、GPU、FPGA（现场可编辑逻辑门阵列）等核心技术的基础研

[1] HIS Automotive 于 2014 年的预测为中国 3000 万辆，美国 1550 万辆。techon.nikkeibp.co.jp/article/MAG/20131209/?rt = cocnt

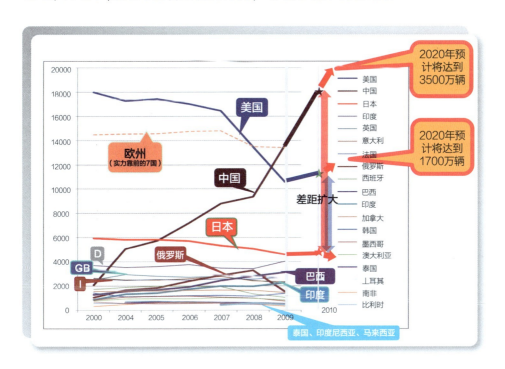

图 4-2　中国市场急剧扩大

（来源：作者基于 http://www.jama.or.jp/world/world/world_1.html 的数据制图）

究将变得十分重要。这些终端设备将通过 IoT 在互联网上与云端连接，并与位于曲线右侧的云端 AI 进行结合。由此，IoT 的事物（Things）智能化、工业 4.0、信息物理系统（cyber physical system，CPS）等新理念将得以实现。

中国并非始终处于微笑曲线中部

有观点认为中国至今仍处于微笑曲线中部，这是极其错误的想法。2015 年 5 月，中国百度公司与戴姆勒公司联合宣布，将在网联汽车领域展开合作（图 4-3）。

首先，"梅赛德斯·奔驰"品牌汽车上将搭载百度公司的软件，并实现类似 CarPlay、Android Auto 的功能。在中国，尽管

图 4-3　关于百度与戴姆勒在网联汽车领域展开合作的新闻
（来源：http://itpro.nikkeibp.co.jp/atcl/news/15/052601729/）

谷歌安卓系统及 iPhone 的功能仅能实现部分，Facebook 则完全无法使用，然而，中国存在类似 Facebook 及 Twitter 的应用，并通过百度、腾讯、阿里巴巴等网络公司开展业务。在智能手机的应用层面，中国也是独立于世界之外的。因此，在中国单独研发类似 CarPlay 的解决方案并开展相关服务是必然的趋势。从根本来说，当前在美国得到使用的技术、应用，今后在中国也将陆续开展。

除百度之外，阿里巴巴也开发了名为"Alibaba OS"的车载操作系统。该系统同样将类似智能手机端的应用软件植入车载系统，其理念与 CarPlay、Android Auto 相同。

中国本应无法制作三维地图

在中国，情况发生了巨大变化。2014 年 4 月，戴姆勒公司在日本宣布"以欧洲、美国、日本为先后顺序展开自动驾驶车辆的销售，并在此之前进行公开道路试验"。销售先后排序基于市场规模大小。至于在中国，戴姆勒公司认为自动驾驶难以得到推行。

上述观点的理由是，在中国无法实现三维地图商业化应用。自动驾驶时，需要在行驶的同时不断识别三维地图，因此缺少三维地图将无法实现自动驾驶。有观点指出，由于三维地图作为高级机密为中国军方所掌握，因此无法用于民用车辆。作者曾与中国某车载导航地图公司探讨过该话题。虽然证实了该问题确实存在，但作者也获悉当时与政府的磋商已经在进行中了。随后，在 2015 年 6 月，三维地图在中国可应用于自动驾驶得到了正式确认。当前，中国已经开展了三维地图的制作工作。从全球范围来看，无国际通用地图的国家可能仅剩日本了。

在人才引入上，中国同样十分积极。人工智能对于自动驾驶而言不可或缺，而美国在人工智能领域有众多知名学者。例如在斯坦福大学开发出"谷歌猫脸识别"的学者 Andrew Ng（吴恩达）。该学者虽然仍任职于斯坦福大学，却兼任了百度硅谷人工智能研究院院长，借此百度公司迈入了人工智能开发领域。㊀

㊀ 本书翻译定稿时，吴恩达已从百度公司离职。——译者注

4-2　数据科学家对于车辆 IoT 的重要性

作者任职于软银集团时，曾参与了名为"Lineage"的 MMORPG（大型多人在线角色扮演游戏）在线游戏的本地化开发等相关业务拓展。

在线游戏与自动驾驶的相似性

实际上，在线游戏与自动驾驶有着极高的相似性：在线游戏者面前有一台联网计算机，通过操作计算机客户端软件，服务器将对相关数据进行收集；通过服务器可掌握自身周围的他人及同伴的活动状况；服务器中存在虚拟地图。虽然地图上仅显示了自身附近区域，若偶尔有他人接近，相关信息也将出现在自身计算机上。对方的角色由此可得到确认，可选择与对方对话、对战等各类互动，游戏的趣味性由此产生。

游戏中还内置了各类聊天功能，这与当前所谓的 SNS（社交网络服务）相同。此类功能于 2001 年就早已植入各个游戏。同时，游戏中存在虚拟货币，可通过其进行各类虚拟商品的交易。改变商品的供给将导致通货膨胀或紧缩，因此在游戏时还需要掌握经济领域的金融知识。通过掌握各玩家的喜好，甚至可以实现精准营销。为实现上述功能，需要在整体层面对游戏信息进行大数据处理。当时在"Lineage"beta 版上，是通过多个英特尔最尖端的服务器 Xeon 的并行处理实现的（图 4-4）。

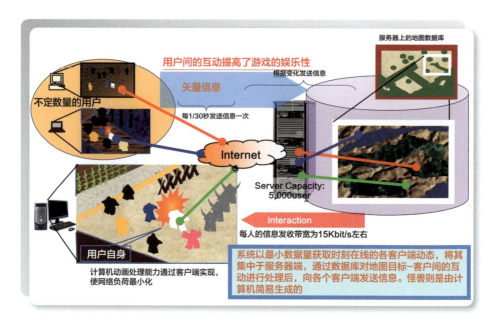

图 4-4 在线游戏的技术特征

游戏界面上存在包括游戏者自身在内的各个角色，各角色分别由不同玩家通过各自计算机进行控制。此外，在相同界面上还有各类怪兽出没，这些则是由计算机（游戏服务器）所生成的非人类角色。非人类角色即使在外表上与人类角色存在差异，但无论在从人类角色手中逃脱还是在追赶人类角色时，非人类角色都与人类角色有着同样的行动方式，这增加了游戏的真实性。而这正是通过人工智能实现的。

上述模式与人通过操作计算机，实现车辆自动行驶是相似的。事实上，今后自动驾驶车辆在行为模式上必须做到与人类驾驶人相同。

通过刮水器的运动感知暴雨，通过 ABS 了解路面湿滑程度，此类车载信息服务（Vehicle IoT）在功能构造上与 MMORPG 是完全相同。因此，Vehicle IoT 的功能可通过将 MMORPG 用计算机置于车内实现（图 4-5）。

图 4-5 将 MMORPG 用计算机置于车内

4-3 汽车与 IoT 关联后产生的新商业模式

与 IoT 连接后，是否能出现新的商机？通过全球知名的美国优步公司、亚马逊公司的案例可以得出部分结论。ICT 于 2010 年之后得到迅速发展（图 1-3），随着产业结构的变化及云计算的成熟，新的附加价值及其解决方案相继出现。仅将服务可视化并与云计算相结合，即可实现新业务的拓展。这个新趋势值得引起广泛关注。亚马逊公司取得的"预测式发货"专利是案例之一（图 4-6）。

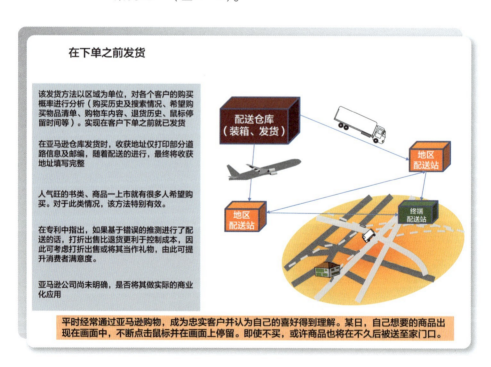

图 4-6 亚马逊公司获得"预测式发货"的专利

（来源：作者参考 http://blogs.wsj.com/digits/2014/01/17/amazon-wants-to-ship-your-package-before-you-buy-it/ 后制图）

在客户"可能购买"时即发货

在亚马逊进行网上购物时，商品可能在客户"可能购买"的阶段就被发货了。以亚马逊庞大的公司规模，以及全球销售为前提，可实现对某商品在某地区销量的预测。即使不知道具体的购买者是谁，但一旦新商品发布，是可以从概率上计算出某地区销量的。由此，可在尚未确定该地区具体购买者时提前发货。

新品发布后，用户对是否购买将产生犹豫。通过计算机动态分析，可判断出"该地区存在需求"。对于客户是否会最终选择下单，也可通过历史经验得到预测。随着地区范围的缩小，预测精度逐步提高，并得出类似"在该细分地区可卖出10件"的结论。此外，送货地址也可在配送过程中逐渐确定。当"该用户将购买"得到最终证实后，虽然无法在用户下单后即刻送达，但下单至送达也仅需1h左右。如果预测失败，用户并未购买，由于退货过于麻烦，可将其作为礼物送给用户是一个可能的选择，这将得到进一步探讨。上述"预测式发货"可通过物流与ICT的融合得以实现。

然而这与汽车领域有何关系？可以说，在考虑车辆的潜在应用时，与位置信息或移动相关联或许是个很好的主意。通过掌握车辆动向、预测商流、将车辆位置衍生信息进行API化，由此将很可能实现新业务拓展。例如，预测各区域需求，并在无人出租车派送时特别关注重点区域。向日本汽车企业提议，对此类基于位置信息，实现人/物/货币流信息解读的API进行开发，这难道不是个很好的建议吗？

优步公司的打车服务

优步公司近来成了热门话题。优步打车服务实际上已相当普及（图4-7）。

图4-7 优步公司的案例

2014年,优步在美国大受欢迎。至2015年,优步打车已可在58个国家的300个城市中使用。2014年12月作者曾前往上海。令人吃惊的是,在宾馆可使用优步打车服务。谷歌公司向优步公司注资2亿5800万美元,并计划将其与无人出租车相结合。不少开出租车养家的司机在听到该目的后很是气愤。

想要成为优步用户,在智能手机中下载并安装优步打车应用程序即可,十分便利。

作为优步司机,可通过优步网站下载司机版应用程序并安装。如果有用户需要用车的话,距离最近的在线司机将被自动选中,系统向该司机的应用程序发出通知。如果在15s内不确认接单的话,通知将被传递至下一位近距离的司机。虽然一对一模式似乎难以体现出需求的规模感,但在纽约等地,需求是如此强烈，以致在周五晚间很难打到车。很多人都有"只要有车接单，无论花多少钱都行"的想法，虽然也有人认为"周五晚上正好有空，做点私家车开出租的私活儿吧"。

由于优步的用户、司机均为个人，因此不排除会存在不法之徒的可能性。但基于实名制注册，一旦出事就能知道是谁干的。通过评价系统，服务的品质得到了保证。可以说，通过服务器端应用程序，优步用户、司机两者间构建起了非常有效的双赢关系。

虽然自身并没有出租车等固定资产，优步公司通过应用程序代码实现了资源配置及用户/司机关系的构建。以云端为媒介，该服务在全球范围内迅速普及，优步公司也因此发展壮大。虽然日本法律并不允许，但该业务在国际范围内的爆发性扩展已成为了不可争辩的事实。

如今，优步也进入了日本。由于私家出租车被禁止，因此优步在日本开展业务需要费一番功夫。租车公司与优步日本公司签订合同，将其作为旅游业企业进行注册，并向客人提供"车辆运输类旅游服务"。虽然价格高昂，但用户的出行自由度得到了满足。这样的运营模式目前已开展。

为了实现网联汽车的普及

日本已于 2004 年在车辆上装备了通信功能，以此提供联网服务。随着 ICT 的进步及汽车数字化的发展，在日本以外，汽车也终于成为网络社会的一员（图 4-8）。

虽然在该领域日本曾一度领先，但此后无线通信在全球范围内实现高速成长，并逐步普及。时刻在线、费用定额制在无线通信中得到实现。其间，随着全球范围内云技术的发展，服务及软件领域均得到长足进步，可在云端即刻搜索出感兴趣的信息。将服务组件化，并将各组件相互连接，通过该模式可在全球范围内提供全新服务。车载信息终端比此前的车

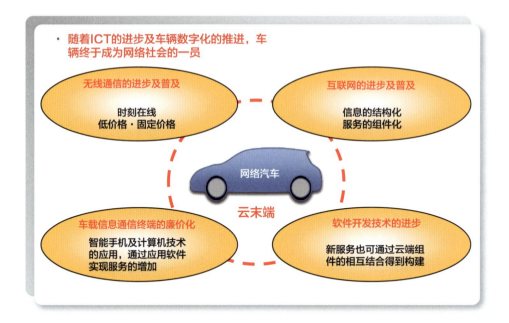

图 4-8 网联汽车的实现要素

载导航更为廉价。虽然仅通过智能手机也能实现导航功能,但通过将智能手机与智能屏互联系统相组合,车载信息娱乐功能将得到更为充分的发挥。实现上述功能的软件在开发上已十分容易。

在 Web2.0 的七大要素中,提到了"采用轻量化编程模型"。通过简单的软件,即可编写具备可靠结算系统,能实现收款的组件。由此,通过将各组件相互连接并以此拓展新的业务,在软件编程角度是容易实现的。由于新的创意对于能否在激烈的竞争中脱颖而出至关重要,新的业务将不断诞生。基于该模式在汽车及周边产业的迅猛发展,以此可以轻易掌握优步公司或亚马逊公司(物流行业)的最新动态。

时刻上传车辆运行状态、外界环境等探测信息并进行差分更新,随后通过 API 化即可掌握车辆状况。根据车辆状况进行程序编写,再将其与各类组件相结合,可实现无人出租车、无人配送等新业务的拓展,保险等传统业务的面貌也可能因此焕然一新。目标营销（Target Marketing）也可轻松实现。未来，可将上述内容作为车辆核心业务进行拓展。车辆 IoT 为各类新兴产业的发展提供了无限的机遇（图 4-9）。

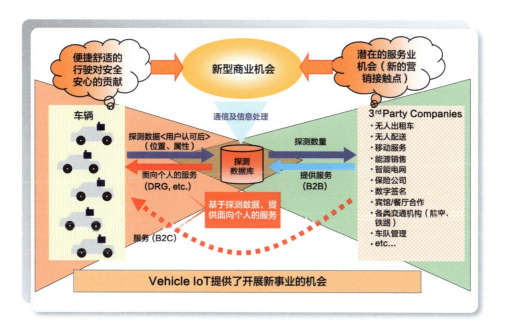

图 4-9　通过大数据利用的新产业机会